DESSERTKOOKBOKEN FÖR NYbörjare

100 unika och lättlagade recept för att tillfredsställa ditt begär

Matilda Lundgren

Alla rättigheter förbehållna.

varning

Informationen i den här e-boken är avsedd att fungera som en omfattande samling av strategier som författaren till den här e-boken har forskat om. Sammanfattningar, strategier, tips och tricks är endast rekommendationer från författaren, och att läsa den här e-boken garanterar inte att ens resultat exakt speglar författarens resultat. Författaren till e-boken har gjort alla rimliga ansträngningar för att tillhandahålla aktuell och korrekt information till e-bokens läsare. Författaren och dess medarbetare kommer inte att hållas ansvariga för eventuella oavsiktliga fel eller utelämnanden som kan hittas. Materialet i e-boken kan innehålla information från tredje part. Tredjepartsmaterial omfattar åsikter som uttrycks av deras ägare. Som sådan tar e-bokens författare inget ansvar eller ansvar för material eller åsikter från tredje part.

E-boken är copyright © 2022 med alla rättigheter förbehållna. Det är olagligt att omdistribuera, kopiera eller skapa härledda verk från denna e-bok helt eller delvis. Inga delar av denna rapport får reproduceras eller återsändas i någon form av reproducering eller återsändning i någon form utan skriftligt uttryckt och undertecknat tillstånd från författaren.

INNEHÅLLSFÖRTECKNING

INNEHÅLLSFÖRTECKNING 3
INTRODUKTION 7
1. Italiensk kronärtskockspaj 8
2. Spaghetti köttbullepaj 11
3. Choklad Panna Cotta 14
4. Ostig Galette med Salami 16
5. Pannacotta 19
6. Karamellflan 21
7. Katalansk grädde 23
8. Apelsin-citron spansk grädde 26
9. Berusad melon 28
10. Mandelsorbet 30
11. Spansk äpple torte 32
12. Karamell vaniljsås 35
13. Spansk cheesecake 37
14. Spansk stekt vaniljsås 40
15. Italienska bakade persikor 43
16. Kryddig italiensk katrinplommonkaka 45
17. Spanskt nötgodis 48
18. Honungspudding 50
19. Spansk lök torte 53
20. Spansk pan sufflé 56
21. Fryst honung semifreddo 58
22. Korianderinfunderad avokadolimesorbet 61
23. Cheesecake med pumpapaj 63
24. Mockaglass 66
25. Körsbärs- och chokladmunkar 68
26. Björnbärspudding 71
27. Pumpapaj med lönnsirap 73
28. Rustik stugpaj 75

29.	CHOKLAD AMARETTO FONDUE	78
30.	FLANS MED EN HALLONCOULIS	80
31.	FRUKTBOLLAR I BOURBON	83
32.	PECANNÖTSPAJGLASS	85
33.	KANELCHIPS BRÖDPUDDING	88
34.	BAKADE KARAMELLÄPPLEN	91
35.	TACKA PUMPKIN PIE	94
36.	LÅG FETT PUMPA BAGATELL	96
37.	PUMPA DUMP TÅRTA	99
38.	CHIAPUDDING	101
39.	ÄPPELGODIS	103
40.	BUTTERNUT SQUASH MOUSSE	105
41.	SÖDRA SÖTPOTATISPAJ	107
42.	SÖTPOTATIS OCH KAFFE BROWNIES	110
43.	THANKSGIVING CORN SOUFFLÉ	113
44.	TRANBÄRSGLASS	115
45.	VALNÖT PETITES	118
46.	THANKSGIVING MOROTSSUFFLÉ	121
47.	PUMPAFLAN	123
48.	COUNTRY CORN GRYTA	127
49.	CRANBERRY PECAN RELISH	129
50.	KALKON OCH POTATIS HASH KAKOR	131
51.	APPLE CRUNCH COBBLER	134
52.	GOOEY AMISH CARAMEL PIE	137
53.	HÖSTLÖV	140
54.	SKÖRDFRUKTKOMPOTT	142
55.	THANKSGIVING TRANBÄRSPAJ	144
56.	MOUSSERANDE TRANBÄR	147
57.	TORTE MED CITRONFYLLNING	149
58.	CHOKLAD AMARETTO FONDUE	152
59.	FLANS MED EN HALLONCOULIS	154
60.	CHOKLADKAKA	157
61.	FLAN ALMENDRA	160

62.	KRYDDADE JORDGUBBAR	163
63.	BLACKBERRY DÅRE	165
64.	ZABAGLIONE	167
65.	HALLON OCH GRÄDDE	169
66.	FRUKTBOLLAR I BOURBON	171
67.	MANGO I INDISK STIL	173
68.	ITALIENSK CHEESECAKE	175
69.	CITRONFLUFF	177
70.	MANDEL- OCH KOKOSMARÄNGER	179
71.	CHOCOLATE CHIP COOKIES	181
72.	AIR FRYER BROWNIES	183
73.	BÄROSTKAKA	186
74.	MUNKAR I AIR FRYER	189
75.	VANILJ JORDGUBBSTÅRTA	192
76.	BÄRSKOMAKARE	195
77.	CHOKLAD BUNDT TÅRTA	197
78.	JÄTTE PB COOKIE	200
79.	DESSERTBAGELS	202
80.	BRÖD PUDDING	204
81.	MINI JORDGUBBS- OCH GRÄDDPAJER	206
82.	BRASILIANSK GRILLAD ANANAS	208
83.	COCONUT CRUSTED CINNAMON BANANER	210
84.	GLUTENFRI ENKEL KOKOSPAJ	213
85.	PECANNÖTPUDDING	215
86.	KAFFELIKÖRMOUSSE	217
87.	PEACH MELBA DESSERT	219
88.	FRYST KANELNÖTYOGHURT	221
89.	FEM MINUTERS FUDGE	223
90.	MANDEL-HAVRESKORPA	225
91.	APPLE FANTASY DESSERT	227
92.	AVOKADOGLASS	229
93.	BANANKRÄMPAJ	231
94.	BERRY FOOL	233

95.	Bär Tiramisu	235
96.	Smör Romkarameller	238
97.	Kanderad citrusskal	240
98.	Kardemumma-Kokos Panna Cotta	242
99.	Cikoriakräm Brulee	245
100.	Mintchokladfondue	247

SLUTSATS 249

INTRODUKTION

Dessert är en kurs som avslutar en måltid. Kursen består av söta livsmedel, som konfekt, och eventuellt en dryck som dessertvin och likör. I vissa delar av världen, som stora delar av Centralafrika och Västafrika, och de flesta delar av Kina, finns det ingen tradition av en dessertkurs för att avsluta en måltid.

Termen efterrätt kan gälla många sötsaker, såsom kex, kakor, kakor, vaniljsås, gelatiner, glass, bakverk, pajer, puddingar, makroner, söta soppor, tårtor och fruktsallad. Frukt är också vanligt förekommande i dessertträtter på grund av dess naturligt förekommande sötma. Vissa kulturer sötar mat som är mer vanligt välsmakande för att skapa desserter.

1. Italiensk kronärtskockspaj

Portioner: 8 portioner

Ingrediens

- 3 ägg; Slagen
- 1 3 oz paket färskost med gräslök; Mjukat
- ¾ tesked vitlökspulver
- ¼ tesked peppar
- 1½ kopp mozzarellaost, delvis skummad mjölk; Strimlad
- 1 kopp ricottaost
- ½ kopp majonnäs
- 1 14 oz burk kronärtskocka hjärtan; Dränerad
- ½ 15 oz burk Garbanzobönor, konserverade; Sköljt och dränerat
- 1 2 1/4 oz burk skivade oliver; Dränerad
- 1 2 Oz Jar Pimientos; Tärnade och avrunna
- 2 matskedar persilja; Klippt
- 1 pajskal (9 tum); Obakat
- 2 små tomater; Skivad

Vägbeskrivning:

a) Kombinera ägg, färskost, vitlökspulver och peppar i en stor blandningsfat. Kombinera 1 kopp mozzarellaost, ricottaost och majonnäs i en mixerskål.

b) Rör om tills allt är väl blandat.

c) Skär 2 kronärtskockshjärtan på mitten och ställ åt sidan. Hacka resten av hjärtan.

d) Kasta ostblandningen med de hackade hjärtan, garbanzobönor, oliver, pimientos och persilja. Fyll bakverksskalet med blandningen.

e) Grädda i 30 minuter i 350 grader. Resterande mozzarellaost och parmesanost ska strö ovanpå.

f) Grädda i ytterligare 15 minuter eller tills den stelnat.

g) Låt vila i 10 minuter.

h) Över toppen, arrangera tomatskivor och kvartade kronärtskockshjärtan.

i) Tjäna

2. Spaghetti köttbullepaj

Portioner: 4-6

Ingredienser:

- 1 - 26 oz. påse nötkött Köttbullar
- 1/4 kopp hackad grön paprika
- 1/2 kopp hackad lök
- 1-8 oz. paket spagetti
- 2 ägg, lätt vispade
- 1/2 kopp riven parmesanost
- 1-1/4 koppar strimlad mozzarellaost
- 26 oz. burk tjock spaghettisås

Vägbeskrivning:

a) Värm ugnen till 375°F. Fräs paprika och lök tills de mjuknat, ca 10 minuter. Avsätta.

b) Koka spagetti, låt rinna av och skölj med kallt vatten och torka. Lägg i en stor mixerskål.

c) Tillsätt ägg och parmesanost och rör om. Tryck ut blandningen i botten av en sprayad 9" pajform. Toppa med 3/4 dl riven mozzarellaost. Tina frysta köttbullar i mikron i 2 minuter.

d) Skär varje köttbulle i hälften. Varva köttbullarnas halvor över ostblandningen. Kombinera spaghettisås med kokt paprika och lök.

e) Skeda över köttbullelager. Täck löst med folie och grädda i 20 minuter.

f) Ta ut ur ugnen och strö 1/2 kopp mozzarellaost över spaghettisåsblandningen.

g) Fortsätt att grädda utan lock i ytterligare 10 minuter tills det är bubbligt. Skär i klyftor och servera.

3. Choklad Panna Cotta

5 portioner

Ingredienser:

- 500 ml tung grädde
- 10 g gelatin
- 70 g svart choklad
- 2 matskedar yoghurt
- 3 matskedar socker
- en nypa salt

Vägbeskrivning:

a) Blötlägg gelatin i en liten mängd grädde.

b) I en liten kastrull, häll den återstående grädden. Koka upp sockret och yoghurten, rör om då och då, men koka inte. Ta kastrullen från värmen.

c) Rör ner chokladen och gelatinet tills de är helt lösta.

d) Fyll formarna med smeten och låt stå kallt i 2-3 timmar.

e) För att frigöra pannacottan från formen, kör den under varmt vatten i några sekunder innan du tar bort desserten.

f) Dekorera efter eget tycke och servera!

4. Ostig Galette med Salami

5 portioner

Ingredienser:

- 130 g smör
- 300 g mjöl
- 1 tsk salt
- 1 ägg
- 80 ml mjölk
- 1/2 tsk vinäger
- Fyllning:
- 1 tomat
- 1 paprika
- zucchini
- salami
- mozzarella
- 1 matsked olivolja
- örter (som timjan, basilika, spenat)

Vägbeskrivning:

a) Tärna upp smöret.

b) I en skål eller panna, kombinera olja, mjöl och salt och hacka med en kniv.

c) Häll i ett ägg, lite vinäger och lite mjölk.

d) Börja knåda degen. Kyl i en halvtimme efter att du rullat den till en boll och slagit in den i plastfolie.

e) Skär alla fyllningsingredienser.

f) Lägg fyllningen i mitten av en stor cirkel av deg som har kavts ut på bakplåtspapper (förutom Mozzarella).

g) Ringla över olivolja och smaka av med salt och peppar.

h) Lyft sedan försiktigt upp degens kanter, linda dem runt de överlappande delarna och tryck in dem lätt.

i) Värm ugnen till 200°C och grädda i 35 minuter. Tillsätt mozzarellan tio minuter innan gräddningstiden är slut och fortsätt att grädda.

j) Servera omedelbart!

5. Pannacotta

Portioner: 6

Ingredienser:

- ⅓ kopp mjölk
- 1 paket smaklös gelatin
- 2 ½ koppar tung grädde
- ¼ kopp socker
- ¾ kopp skivade jordgubbar
- 3 msk farinsocker
- 3 matskedar konjak

Vägbeskrivning:

a) Rör ihop mjölken och gelatinet tills gelatinet är helt upplöst. Ta bort från ekvationen.

b) Koka upp grädden och sockret i en liten kastrull.

c) Tillsätt gelatinblandningen i den tunga grädden och vispa i 1 minut.

d) Fördela blandningen mellan 5 ramekins.

e) Lägg plastfolie över ramekins. Efter det, kyl i 6 timmar.

f) I en blandningsskål, kombinera jordgubbar, farinsocker och konjak; svalna i minst 1 timme.

g) Lägg jordgubbarna ovanpå pannacottan.

6. Karamellflan

Portioner: 4

Ingredienser:

- 1 msk vaniljextrakt
- 4 ägg
- 2 burkar mjölk (1 indunstad och 1 sötad kondenserad)
- 2 dl vispgrädde
- 8 matskedar socker

Vägbeskrivning:

a) Värm ugnen till 350 grader Fahrenheit.

b) Smält socker på medelvärme i en nonstick-panna tills det är gyllene.

c) Häll det flytande sockret i en bakpanna medan det fortfarande är varmt.

d) Knäck och vispa ägg i en blandningsform. Kombinera kondenserad mjölk, vaniljextrakt, grädde och sötad mjölk i en mixerskål. Gör en ordentlig blandning.

e) Häll smeten i den smälta sockeröverdragna bakformen. Placera pannan i en större panna med 1 tum kokande vatten.

f) Grädda i 60 minuter.

7. Katalansk grädde

Portioner: 3

Ingredienser:

- 4 äggulor
- 1 kanel (stång)
- 1 citron (skal)
- 2 msk majsstärkelse
- 1 kopp socker
- 2 dl mjölk
- 3 koppar färsk frukt (bär eller fikon)

Vägbeskrivning:

a) Vispa ihop äggulor och en stor del av sockret i en kastrull. Mixa tills blandningen är skum och slät.

b) Tillsätt kanelstången med citronskal. Gör en ordentlig blandning.

c) Blanda i maizena och mjölk. Under låg värme, rör tills blandningen tjocknar.

d) Ta ut grytan ur ugnen. Låt svalna i några minuter.

e) Lägg blandningen i ramekins och ställ åt sidan.

f) Ställ åt sidan i minst 3 timmar i kylen.

g) När du är redo att servera, ringla det återstående sockret över ramekinerna.

h) Placera ramekins på nedre hyllan av pannan. Låt sockret smälta tills det får en gyllenbrun färg.

i) Som garnering, servera med frukt.

8. Apelsin-citron spansk grädde

Portioner: 1 portioner

Ingrediens

- 4½ tesked Vanligt gelatin
- ½ kopp apelsinjuice
- ¼ kopp citronsaft
- 2 koppar mjölk
- 3 ägg, separerade
- ⅔ kopp socker
- Nypa salt
- 1 msk rivet apelsinskal

Vägbeskrivning:

a) Blanda gelatin, apelsinjuice och citronsaft och låt stå åt sidan i 5 minuter.

b) Skalla mjölken och vispa i gulorna, sockret, saltet och apelsinskalet.

c) Koka i en dubbelpanna tills det täcker baksidan av en sked.

d) Efter det, tillsätt gelatinblandningen. Häftigt.

e) Tillsätt hårt vispad äggvita i blandningen.

f) Kyl tills stelna.

9. Berusad melon

Portioner: 4 till 6 portioner

Ingrediens

- Till rätten Ett urval av 3 till 6 olika spanska ostar
- 1 flaska portvin
- 1 melon, toppen borttagen och urkärnad

Vägbeskrivning:

a) En till tre dagar före kvällsmaten, häll portvinen i melonen.

b) Kyl i kylen, täckt med plastfolie och med toppen ersatt.

c) Ta ut melonen från kylen och ta bort omslaget och toppen när den är klar att serveras.

d) Ta bort porten från melonen och lägg den i en skål.

e) Skär melonen i bitar efter att du tagit bort svålen. Lägg bitarna i fyra separata kylda skålar.

f) Servera på tillbehör till ostarna.

10. Mandelsorbet

Portioner: 1 portioner

Ingrediens

- 1 kopp blancherade mandlar; rostat
- 2 koppar källvatten
- ¾ kopp socker
- 1 nypa kanel
- 6 matskedar Lätt majssirap
- 2 matskedar Amaretto
- 1 tsk citronskal

Vägbeskrivning:

a) Mal mandeln till ett pulver i en matberedare. Blanda vatten, socker, majssirap, sprit, zest och kanel i en stor kastrull och tillsätt sedan de malda nötterna.

b) På medelhög värme, rör hela tiden tills sockret löst sig och blandningen kokar. 2 minuter vid kokning

c) Ställ åt sidan för att svalna. Använd en glassmaskin, kärna blandningen tills den är halvfryst.

d) Om du inte har en glassmaskin, överför blandningen till en skål av rostfritt stål och frys tills den är hård, rör om varannan timme.

11.   Spansk äpple torte

Portioner: 8 portioner

Ingrediens

- ¼ pund smör
- ½ kopp socker
- 1 Äggula
- 1½ kopp siktat mjöl
- 1 skvätt salt
- ⅛ tesked Bakpulver
- 1 kopp mjölk
- ½ citronskal
- 3 äggulor
- ¼ kopp socker
- ¼ kopp mjöl
- 1½ msk smör
- ¼ kopp socker
- 1 msk citronsaft
- ½ tesked kanel
- 4 äpplen, skalade och skivade
- Äpple; aprikos eller valfri gelé

Vägbeskrivning:

a) Värm ugnen till 350°F. Blanda sockret och smöret i en mixerskål. Blanda ihop de återstående ingredienserna tills det bildas en boll.

b) Kavla ut degen till en springform eller en pajform. Förvara i kyl tills den ska användas.

c) Blanda citronsaft, kanel och socker i en bunke. Släng i med äpplena och släng för att täcka. Detta är något som kan göras i förväg.

d) Tillsätt citronskalet i mjölken. Koka upp mjölken och sänk sedan till låg värme i 10 minuter. Under tiden, i en tjock kastrull, vispa ihop äggulor och socker.

e) När mjölken är klar, häll den sakta i äggulablandningen under ständig vispning på låg värme. Blanda långsamt i mjölet under vispning på låg värme.

f) Fortsätt att vispa blandningen tills den är slät och tjock. Ta kastrullen från värmen. Rör långsamt ner smöret tills det har smält.

g) Fyll skorpan med vaniljsås. För att göra ett enkelt eller dubbelt lager, lägg äpplena ovanpå. Placera torten i en 350°F ugn i ca 1 timme efter att den är klar.

h) Ta bort och ställ åt sidan för att svalna. När äpplena är tillräckligt svala för att hantera, värm valfri gelé och ringla den över toppen.

i) Ställ geléen åt sidan för att svalna. Tjäna.

12. Karamell vaniljsås

Portioner: 1 portioner

Ingrediens

- ½ kopp strösocker
- 1 tsk vatten
- 4 äggulor eller 3 hela ägg
- 2 dl mjölk, skållad
- ½ tsk vaniljextrakt

Vägbeskrivning:

a) I en stor stekpanna, kombinera 6 matskedar socker och 1 kopp vatten. Värm på låg värme, skaka eller snurra då och då med en träslev tills sockret blir gyllene.

b) Häll kolasirapen i en ugnsform så snart som möjligt. Låt svalna tills den är hård.

c) Värm ugnen till 325 grader Fahrenheit.

d) Vispa ihop äggulorna eller hela äggen. Blanda i mjölken, vaniljextraktet och det återstående sockret tills det är helt blandat. Häll den avsvalnade kolan ovanpå.

e) Placera ugnsformen i ett varmt vattenbad. Grädda i 1-112 timmar, eller tills mitten har stelnat. Coolt, coolt, coolt.

f) För att servera, vänd upp på ett serveringsfat försiktigt.

13. Spansk cheesecake

Portioner: 10 portioner

Ingrediens

- 1 pund färskost
- 1½ kopp socker; Granulerad
- 2 ägg
- ½ tesked kanel; Jord
- 1 tsk citronskal; Riven
- ¼ kopp oblekt mjöl
- ½ tsk salt
- 1 x Konditorsocker
- 3 matskedar smör

Vägbeskrivning:

a) Värm ugnen till 400 grader Fahrenheit. Blanda ihop osten, 1 msk smör och sockret i en stor blandningsfat. Träffa inte.

b) Tillsätt äggen ett i taget, vispa ordentligt efter varje tillsats.

c) Blanda kanel, citronskal, mjöl och salt. Smöra pannan med de återstående 2 msk smör, fördela det jämnt med fingrarna.

d) Häll smeten i den förberedda formen och grädda i 400 grader i 12 minuter, sänk sedan till 350 grader och grädda i ytterligare 25 till 30 minuter. Kniven ska vara fri från rester.

e) När kakan svalnat till rumstemperatur, pudra den med konditorsocker.

14. Spansk stekt vaniljsås

Portioner: 8 portioner

Ingrediens

- 1 kanelstång
- Skal av 1 citron
- 3 koppar mjölk
- 1 kopp socker
- 2 msk majsstärkelse
- 2 tsk kanel
- Mjöl; för muddring
- Äggtvätt
- Olivolja; för stekning

Vägbeskrivning:

a) Kombinera kanelstången, citronskalet, 34 dl socker och 212 dl mjölk i en kastrull på medelvärme.

b) Koka upp lågt, sänk sedan till låg värme och koka i 30 minuter. Ta bort citronskalet och kanelstången. Kombinera den återstående mjölken och majsstärkelsen i en liten blandningsfat.

c) Vispa noggrant. I en långsam, jämn ström, rör ner majsstärkelseblandningen i den uppvärmda mjölken. Koka upp, sänk sedan till låg värme och koka i 8 minuter, vispa ofta. Ta bort från elden och häll i en 8-tums bakform som har smörjts.

d) Låt svalna helt. Täck över och kyl tills det svalnat helt. Gör 2-tums trianglar av vaniljsåsen.

e) Kombinera de återstående 14 dl sockret och kanelen i en mixerskål. Blanda noggrant. Muddra trianglarna i mjöl tills de är helt täckta.

f) Doppa varje triangel i äggsköljet och droppa av överskottet. Häll tillbaka vaniljsåsen till mjölet och täck helt.

g) Hetta upp oljan i en stor stekpanna på medelvärme. Lägg trianglarna i den heta oljan och stek i 3 minuter, eller tills de är bruna på båda sidor.

h) Ta ut kycklingen från pannan och låt rinna av på hushållspapper. Blanda med kanelsockerblandningen och smaka av med salt och peppar.

i) Fortsätt med resten av trianglarna på samma sätt.

15.   Italienska bakade persikor

Portioner: 1 portioner

Ingrediens

- 6 Mogna persikor
- ⅓ kopp socker
- 1 kopp mald mandel
- 1 Äggula
- ½ tesked mandelextrakt
- 4 matskedar smör
- ¼ kopp skivad mandel
- Kraftig kräm, valfritt

Vägbeskrivning:

a) Värm ugnen till 350 grader Fahrenheit. Persikor ska sköljas, halveras och urkärnas. Puré 2 av persikohalvorna i en matberedare.

b) Blanda puré, socker, mald mandel, äggula och mandelextrakt i en blandningsform. För att göra en slät pasta, blanda alla ingredienserna i en mixerskål.

c) Häll fyllningen över varje persikohalva och lägg de fyllda persikohalvorna i en smörad bakplåt.

d) Strö över skivad mandel och pensla resterande smör över persikorna innan de gräddas i 45 minuter.

e) Servera varm eller kall, med en sida av grädde eller glass.

16.   Kryddig italiensk katrinplommonkaka

Portioner: 12 portioner

Ingrediens

- 2 koppar urkärnade och kvartade italienska
- Beskär plommon, kokta tills
- Mjuk och kyld
- 1 kopp osaltat smör, mjukat
- 1¾ kopp strösocker
- 4 ägg
- 3 dl siktat mjöl
- ¼ kopp osaltat smör
- ½ pund pulveriserat socker
- 1½ matsked osötad kakao
- Nypa salt
- 1 tsk kanel
- ½ tsk Malen kryddnejlika
- ½ tsk Malen muskotnöt
- 2 tsk Bakpulver
- ½ kopp mjölk
- 1 dl valnötter, finhackade
- 2 till 3 matskedar stark, varm

- Kaffe
- ¾ tesked vanilj

Vägbeskrivning:

a) Värm ugnen till 350°F. Smör och mjöl en 10-tums Bundt-panna.

b) I en stor blandningsfat, grädda ihop smör och socker tills det är ljust och fluffigt.

c) Vispa i äggen ett efter ett.

d) Blanda mjöl, kryddor och bakpulver i en sikt. I tredjedelar, tillsätt mjölblandningen till smörblandningen, omväxlande med mjölken. Vispa bara för att kombinera ingredienserna.

e) Tillsätt de kokta plommonen och valnötterna och rör om. Vänd i den förberedda formen och grädda i 1 timme i en 350°F ugn, eller tills kakan börjar krympa från pannans sidor.

f) För att göra frostingen, grädda ihop smöret och konditorsockret. Tillsätt gradvis sockret och kakaopulvret, rör hela tiden tills det är helt blandat. Krydda med salt.

g) Rör ner en liten mängd kaffe åt gången.

h) Vispa tills den är ljus och fluffig, tillsätt sedan vanilj och dekorera kakan.

17. Spanskt nötgodis

Portioner: 1 portioner

Ingrediens

- 1 kopp mjölk
- 3 koppar ljust farinsocker
- 1 msk smör
- 1 tsk vaniljextrakt
- 1 pund valnötskött; hackad

Vägbeskrivning:

a) Koka upp mjölken med farinsockret tills det karamelliseras, tillsätt sedan smör och vaniljessens precis innan servering.

b) Precis innan du tar bort godiset från elden, lägg till valnötterna.

c) Blanda nötterna noggrant i en stor mixerskål och häll blandningen i förberedda muffinsformar.

d) Skär genast i rutor med en vass kniv.

18.   Honungspudding

Portioner: 6 portioner

Ingrediens

- ¼ kopp osaltat smör
- 1½ kopp mjölk
- 2 stora ägg; lätt slagen
- 6 skivor Vitt lantbröd; trasig
- ½ kopp klar; tunn honung, plus
- 1 matsked klar; tunn honung
- ½ kopp varmt vatten; plus
- 1 matsked varmt vatten
- ¼ tesked Mald kanel
- ¼ tesked vanilj

Vägbeskrivning:

a) Värm ugnen till 350 grader och använd lite av smöret för att smörja en 9-tums pajform i glas. Vispa ihop mjölken och äggen, tillsätt sedan brödbitarna och vänd så att de blir jämnt belagda.

b) Låt brödet dra i 15 till 20 minuter, vänd på det en eller två gånger. Värm det återstående smöret på medelvärme i en stor stekpanna.

c) Stek det blötlagda brödet i smöret tills det är gyllene, cirka 2 till 3 minuter på varje sida. Överför brödet till ugnsformen.

d) Blanda honungen och det varma vattnet i en skål och rör tills blandningen är jämnt blandad.

e) Rör ner kanel och vanilj och ringla blandningen över och runt brödet.

f) Grädda i cirka 30 minuter, eller tills de är gyllenbruna.

19. **Spansk lök torte**

Portioner: 2 portioner

Ingrediens

- ½ tsk olivolja
- 1 liter spansk lök
- ¼ kopp vatten
- ¼ kopp rött vin
- ¼ tesked torkad rosmarin
- 250 gram potatis
- 3/16 kopp Naturell yoghurt
- ½ matsked vanligt mjöl
- ½ ägg
- ¼ kopp parmesanost
- ⅛ kopp hackad italiensk persilja

Vägbeskrivning:

a) Förbered den spanska löken genom att skiva dem tunt och riva potatisen och parmesanosten.

b) Värm oljan i en tjockbottnad panna. Koka, rör om då och då, tills löken är mjuk.

c) Sjud i 20 minuter, eller tills vätskan har avdunstat och löken har fått en mörkrödbrun färg.

d) Blanda rosmarin, potatis, mjöl, yoghurt, ägg och parmesanost i en bunke. Häll i löken.

e) Fördela ingredienserna jämnt i en väl smord 25 cm ugnsfast form. Värm ugnen till 200°C och grädda i 35-40 minuter, eller tills den är gyllenbrun.

f) Garnera med persilja innan du skär i klyftor och serverar.

20.   Spansk pan sufflé

Portioner: 1

Ingrediens

- 1 ask spanskt snabbt brunt ris
- 4 ägg
- 4 uns hackad grön chili
- 1 kopp vatten
- 1 dl riven ost

Vägbeskrivning:

a) Följ anvisningarna på förpackningen för tillagning av innehållet i lådan.

b) När riset är klart, vispa i resterande ingredienser, exklusive osten.

c) Toppa med riven ost och grädda i 325°F i 30-35 minuter.

21.   Fryst honung Semifreddo

Serverar: 8 portioner

Ingredienser

- 8 uns tung grädde
- 1 tsk vaniljextrakt
- 1/4 tsk rosenvatten
- 4 stora ägg
- 4 1/2 uns honung
- 1/4 tesked plus 1/8 tesked kosher salt
- Pålägg som skivad frukt, rostade nötter, kakaonibs eller rakad choklad

Vägbeskrivning

a) Värm ugnen till 350°F. Klä en 9-x-5-tums brödform med plastfolie eller bakplåtspapper.

b) För Semifreddo: Vispa grädden, vaniljen och rosenvattnet i en stavmixer försedd med visptillbehör tills det blir styvt.

c) Överför till en separat skål eller tallrik, täck över och kyl tills den ska användas.

d) Vispa ihop ägg, honung och salt i skålen med en stavmixer. För att blanda, använd en flexibel spatel för att blanda ihop allt. Justera värmen för att bibehålla en långsam sjud över det förberedda vattenbadet, se till att skålen inte rör vid vattnet.

e) Koka, virvla och skrapa regelbundet med en böjlig spatel i en rostfri stålfat tills den värmts upp till 165°F, cirka 10 minuter.

f) Överför blandningen till en stavmixer utrustad med en visptillbehör när den når 165°F. Vispa äggen högt tills de är skummande.

g) Vispa försiktigt i hälften av den beredda vispgrädden för hand. Tillsätt de återstående ingredienserna, vispa snabbt och vänd sedan ihop med en flexibel spatel tills den är väl blandad.

h) Skrapa i den förberedda brödformen, täck ordentligt och frys i 8 timmar eller tills det är tillräckligt fast för att skiva, eller tills innertemperaturen når 0°F.

i) Vänd upp semifreddon på en kyld form att servera.

22. Korianderinfunderad avokadolimesorbet

Gör 4
Total tid: 18 minuter

Ingredienser

- 2 avokado (borttagen grop och hud)
- 1/4 kopp erytritol, pulveriserat
- 2 medelstora limefrukter, saftade och skalade
- 1 dl kokosmjölk
- 1/4 tsk Flytande Stevia
- 1/4 - 1/2 kopp koriander, hackad

Vägbeskrivning

a) Koka upp kokosmjölken i en kastrull. Tillsätt limeskalet.

b) Låt blandningen svalna och frys sedan in.

c) Kombinera avokado, koriander och limejuice i en matberedare. Pulsera tills blandningen har en tjock konsistens.

d) Häll kokosmjölksblandningen och flytande stevia över avokadon. Pulsera samman blandningen tills den når lämplig konsistens. Det tar ungefär 2-3 minuter att utföra denna uppgift.

e) Återgå till frysen för att tina eller servera direkt!

23. Cheesecake med pumpapaj

Gör 1

Total tid: 20 minuter

Ingredienser

Skorpan
- 3/4 kopp mandelmjöl
- 1/2 kopp linfrömjöl
- 1/4 kopp smör
- 1 tsk Pumpkin Pie Spice
- 25 droppar flytande stevia

Fyllningen
g) 6 oz. Vegansk färskost
h) 1/3 kopp pumpapuré
i) 2 msk gräddfil
j) 1/4 kopp Vegan Heavy Cream
k) 3 msk smör
l) 1/4 tsk Pumpkin Pie Spice
m) 25 droppar flytande stevia

Vägbeskrivning

a) Blanda alla torra ingredienser i skorpan och rör om ordentligt.

b) Mosa ihop de torra ingredienserna med smör och flytande stevia tills en deg bildas.

c) Rulla degen till små sfärer för dina små tårtformar.

d) Tryck degen mot sidan av tårtformen tills den når och går upp på sidorna.

e) Blanda alla fyllningsingredienser i en mixerskål.

f) Mixa ingredienserna till fyllningen med en stavmixer.

g) När fyllningsingredienserna är jämna fördelar du dem i skorpan och kyler.

h) Ta ut från kylen, skiva och toppa med vispad grädde om så önskas.

24. Mockaglass

Gör 2
Total tid: 10 minuter

Ingredienser

- 1 dl kokosmjölk
- 1/4 kopp Vegan Heavy Cream
- 2 matskedar Erythritol
- 20 droppar flytande stevia
- 2 msk kakaopulver
- 1 msk snabbkaffe
- Mynta

Vägbeskrivning

a) Blanda alla ingredienser och överför sedan till din glassmaskin och kärna enligt tillverkarens instruktioner i 15-20 minuter.

b) När glassen är mjukfryst, servera genast med ett myntablad.

25. Körsbärs- och chokladmunkar

Gör 12

Ingredienser

Torra ingredienser

- 3/4 kopp mandelmjöl
- 1/4 kopp gyllene linfrömjöl
- 1 tsk Bakpulver
- Nypa salt
- 10 g mörk choklad, tärnad i bitar

Våta ingredienser

- 2 stora ägg
- 1 tsk vaniljextrakt
- 2 1/2 msk kokosolja
- 3 msk kokosmjölk

Vägbeskrivning

a) Blanda de torra ingredienserna (förutom den mörka chokladen) i en stor mixerskål.

b) Blanda i de blöta ingredienserna och vänd sedan ner de mörka chokladbitarna.

c) Koppla in din munkmaskin och olja in den om det behövs.

d) Häll smeten i munkmaskinen, stäng och koka ca 4-5 minuter.

e) Sänk värmen till låg och koka i ytterligare 2-3 minuter.

f) Upprepa för resten av smeten och servera sedan.

26. Björnbärspudding

Gör 1

Ingredienser

- 1/4 kopp kokosmjöl
- 1/4 tsk Bakpulver
- 2 msk kokosolja
- 2 msk veganskt smör
- 2 matskedar Vegan Heavy Cream
- 2 tsk citronsaft
- Skal 1 citron
- 1/4 kopp björnbär
- 2 matskedar Erythritol
- 20 droppar flytande stevia

Vägbeskrivning

a) Värm ugnen till 350 grader Fahrenheit.

b) Sikta de torra ingredienserna över de våta komponenterna och blanda på låg hastighet tills de är ordentligt blandade.

c) Fördela smeten mellan två ramekins.

d) Tryck in björnbären i toppen av smeten för att fördela dem jämnt i smeten.

e) Grädda i 20-25 minuter.

f) Servera med en klick kraftig vispgrädde på toppen!

27. Pumpapaj med lönnsirap

Ger 8 portioner

Ingredienser

- 1 vegansk pajskal
- 1 (16-ounce) burk fast pack pumpa
- 1 (12 ounce) förpackning extra fast silken tofu, avrunnen och klappad torr
- 1 kopp socker
- 2 tsk mald kanel
- 1/2 tsk mald kryddpeppar
- 1/2 tsk mald ingefära
- 1/2 tsk mald muskotnöt

Vägbeskrivning

a) Mixa pumpan och tofun i en matberedare tills den är slät. Tillsätt socker, lönnsirap, kanel, kryddpeppar, ingefära och muskot tills det är slätt.

b) Värm ugnen till 400 grader Fahrenheit.

c) Fyll skorpan med fyllningen. Grädda i 15 minuter vid 350°F.

28.Rustik stugpaj

Gör 4 till 6 portioner

Ingredienser

- Yukon Gold potatis, skalad och tärnad
- 2 msk veganskt margarin
- 1/4 kopp vanlig osötad sojamjölk
- Salt och nymalen svartpeppar
- 1 msk olivolja
- 1 medelstor gul lök, finhackad
- 1 medelstor morot, finhackad
- 1 revbensselleri, finhackad
- 12 uns seitan, finhackad
- 1 dl frysta ärtor
- 1 kopp frysta majskärnor
- 1 tsk torkad salta
- 1/2 tsk torkad timjan

Vägbeskrivning

a) Koka potatisen i en kastrull med kokande saltat vatten tills den är mjuk, 15 till 20 minuter.

b) Låt rinna av väl och lägg tillbaka i grytan. Tillsätt margarin, sojamjölk och salt och peppar efter smak.

c) Mosa grovt med en potatisstöt och ställ åt sidan. Värm ugnen till 350°F.

d) Värm oljan på medelvärme i en stor stekpanna. Tillsätt löken, moroten och sellerin.

e) Täck över och koka tills de är mjuka, cirka 10 minuter. Överför grönsakerna till en 9 x 13-tums bakpanna. Rör ner seitan, svampsås, ärtor, majs, salta och timjan.

f) Smaka av med salt och peppar efter smak och fördela blandningen jämnt i bakformen.

g) Toppa med potatismos, bred ut till kanterna på bakformen. Grädda tills potatisen fått färg och fyllningen är bubblig, ca 45 minuter.

h) Servera omedelbart.

29.   Choklad amaretto fondue

Ger 4 portioner

Ingredienser

- 3 uns osötad bakchoklad
- 1 kopp tung grädde
- 24 paket aspartam sötningsmedel
- 1 matsked socker
- 1 tsk amaretto
- 1 tsk vaniljextrakt
- Bär, $\frac{1}{2}$ kopp per portion

Vägbeskrivning

a) Bryt chokladen i små bitar och lägg i ett 2-kopps glasmått med grädden.

b) Värm i mikron på hög tills chokladen smält, ca 2 minuter. Vispa tills blandningen är blank.

c) Tillsätt sötningsmedel, socker, amaretto och vanilj, vispa tills blandningen är slät.

d) Överför blandningen till en fonduegryta eller en serveringsskål. Servera med bär till doppning.

30. Flans med en halloncoulis

Gör 2 till 4 portioner

Ingredienser

- 1 dl mjölk
- 1 kopp halv-och-halva
- 2 stora ägg
- 2 stora äggulor
- 6 paket aspartam sötningsmedel
- $\frac{1}{4}$ tesked kosher salt
- 1 tsk vaniljextrakt
- 1 kopp färska hallon

Vägbeskrivning

a) Placera en långpanna fylld med 1 tum vatten på ett galler i den nedre tredjedelen av ugnen.

b) Smör sex $\frac{1}{2}$-tums ramekins. Värm mjölken och hälften och hälften i mikrovågsugnen på hög (100 procent effekt) i 2 minuter eller på spishällen i en medelstor kastrull tills den är varm.

c) Vispa under tiden ägg och äggulor i en medelstor skål tills det blir skum.

d) Vispa gradvis ner den varma mjölkblandningen i äggen. Rör ner sötningsmedel, salt och vanilj. Häll blandningen i de förberedda ramekinerna.

e) Lägg i de vattenfyllda kastrullerna och grädda tills vaniljsåsen stelnat, ca 30 minuter.

f) Ta ut rätterna från långpannan och svalna till rumstemperatur på ett galler och ställ sedan i kylen tills de är kylda, cirka 2 timmar.

g) För att göra coulisen, puréer du helt enkelt hallonen i matberedaren. Tillsätt sötningsmedel efter smak.

h) För att servera, kör en sked runt kanten på varje vaniljsås och vänd ut den på en desserttallrik.

i) Ringla coulis över toppen av vaniljen och avsluta med några färska hallon och en kvist mynta, om du använder den.

31. Fruktbollar i bourbon

Gör 2 portioner

Ingredienser

- ½ kopp melonbollar
- ½ kopp halverade jordgubbar
- 1 matsked bourbon
- 1 matsked socker
- ½ paket aspartam sötningsmedel
- Kvistar färsk mynta till garnering

Vägbeskrivning

a) Blanda melonbollarna och jordgubbarna i en glasform.

b) Blanda med bourbon, socker och aspartam.

c) Täck över och kyl till servering. Häll frukten i dessertträtter och dekorera med myntablad.

32. Pecannötspajglass

Utbyte: 5 koppar

Ingredienser:

- 2 dl helmjölk
- 1 kopp tung grädde
- ½ kopp ljust farinsocker
- 2 ägg
- 1 tsk vaniljextrakt
- 1 dl grovt hackade pekannötter
- ⅔ kopp lönnsirap
- 2 msk smält osaltat smör
- ¼ tesked kosher salt

Vägbeskrivning:

a) Blanda mjölken och grädden i en stor gryta. Tillsätt sockret och blanda väl. Värm på medelhög värme tills den är skållad.

b) Vispa ihop äggen i en liten bunke tills de är väl blandade. Vispa ner några matskedar av den varma mjölkblandningen i äggen och häll sedan långsamt tillbaka äggblandningen i pannan.

c) När blandningen svalnar, fortsätt att röra om i ytterligare 5 minuter eller mer. Blanda i vaniljextraktet.

d) Häll upp vaniljsåsen i en skål, täck över och låt svalna i 6 timmar eller över natten.

e) I en liten, tung stekpanna, rosta pekannötterna på medelhög värme. Rör runt dem tills de är försiktigt bruna. Ta kastrullen från värmen. Tillsätt lönnsirap, smör och salt efter smak.

f) Rör om så att pekannötterna blir jämnt täckta. Kyl blandningen.

g) Häll den kylda vaniljsåsen i din glassmaskin och kör i 40 till 50 minuter, eller tills blandningen har en konsistens som mjukglass.

h) Lägg den i en blandningsform. Rör ner de avsvalnade nötterna och sirapen.

i) Frys in glassen i en eller flera behållare i minst 2 timmar, eller tills den är fast.

33. Kanelchips brödpudding

Utbyte: 10 portioner

Ingredienser

Bröd pudding:

- 2 koppar halv-och-halva
- 2 msk smör
- 3 ägg
- 1/3 kopp socker
- 1/4 tsk mald muskotnöt
- 1 tsk vaniljextrakt
- 3 koppar bröd, rivet i små bitar
- En näve kanelchips

Vaniljmjölk:

- 1 dl mjölk
- 1/4 kopp smör
- 1/3 kopp socker
- 1 tsk vanilj
- 1 matskedar mjöl

- 1/2 tsk salt

Vägbeskrivning:
Bröd pudding:

a) Sjud Half and Half och smör i en kastrull på medelhög värme.

b) Vispa ihop ägg, muskot och vaniljextrakt i en separat skål. Vispa i den uppvärmda mjölk- och smörblandningen ordentligt.

c) Riv brödet i små bitar och lägg i en förberedd gryta.

d) Fördela blandningen ovanpå och toppa med kanelflis.

e) Täck med folie och grädda i 30 minuter i 350 grader.

f) Ta bort folien och grädda i ytterligare 15 minuter.

Varm vaniljmjölk:

g) Smält smöret och blanda i mjölet till en pasta.

h) Tillsätt mjölk, socker, vanilj och salt och låt koka upp, rör om ofta, i 5 minuter, eller tills det tjocknar till en sirap.

i) Häll såsen över den varma brödpuddingen och servera genast.

34. Bakade karamelläpplen

Utbyte: 24 äpplen

Ingredienser:

- 24 äpplen skalade, kärnade ur, skurna i bitar
- 3 koppar farinsocker
- 3/4 kopp vatten
- 6 matskedar smör
- 3 tsk salt
- 6 matskedar mjöl
- extra smör för prickning
- strö över kanel

Vägbeskrivning:

a) Värm ugnen till 350 grader Fahrenheit.

b) I en kastrull, kombinera alla såsingredienser och låt koka upp mjukt; såsen kommer att tjockna och omvandlas till en konsistens av karamell/sås.

c) Fördela äpplen jämnt mellan två 9x13-tums bakplåtar och täck sedan med lika stora mängder kolasås.

d) Bred smör över toppen och strö över kanel.

e) Grädda under lock i 1 timme, rör om efter 30 minuter.

35.   Tacka Pumpkin Pie

Utbyte: 8 portioner

Ingredienser:

- 1 burk (30 oz.) Pumpkin Pie Mix
- 2/3 kopp indunstad mjölk
- 2 stora ägg, vispade
- 1 obakat 9-tums pajskal

Vägbeskrivning:

a) Värm ugnen till 425 grader Fahrenheit.

b) I en stor blandningsskål, kombinera pumpapajmixen, den indunstade mjölken och äggen.

c) Häll fyllningen i pajskalet.

d) Grädda i 15 minuter i ugnen.

e) Höj temperaturen till 350°F och grädda i ytterligare 50 minuter.

f) Skaka den försiktigt för att se om den är genomgräddad.

g) Kyl i 2 timmar på galler.

36. Låg fett pumpa bagatell

Utbyte: 18 portioner

Ingredienser:

Kaka:

- 1 ask Kryddkaka, smulad med händerna
- 1 1/4 dl vatten
- 1 ägg

Pudding fyllning:

- 4 dl skummjölk
- 4 paket (1 oz. vardera) butterscotch pudding mix
- 1 burk (15 oz.) pumpamix
- 1 1/2 tsk Pumpkin Spice
- 12 uns lätt vispad topping

Vägbeskrivning:

a) Kombinera alla kakans ingredienser i en 8-tums fyrkantig bakpanna och grädda i 35 minuter, eller tills den stelnat.

b) Kyl på spis eller galler.

c) I en stor blandningsskål, kombinera mjölk och pudding mix. Låt tjockna i några minuter. Blanda i pumpan och kryddorna ordentligt.

d) Börja med att lägga en fjärdedel av kakan, sedan hälften av pumpablandningen, sedan en fjärdedel av kakan och hälften av den vispade grädden

e) Upprepa lagren

f) Garnera med vispad topping och kaksmulor. Ställ i kyl tills den ska serveras

37. Pumpa Dump tårta

Utbyte: 10 portioner

Ingredienser:

- 1-30 oz. pumpapaj puré
- 2 ägg
- 1 burk indunstad mjölk
- 1/2 ask gul kakmix
- 1 dl hackade valnötter
- 1/2 kopp smör

Vägbeskrivning:

a) Värm ugnen till 350 grader Fahrenheit.

b) Använd en mixer och blanda noggrant pumpapajpuré, ägg och mjölk.

c) Häll ingredienserna i en 11x7 eller 8x8 panna.

d) Vispa lätt i 1/2 låda torr kakmix ovanpå.

e) Toppa med hackade valnötter och 1/2 kopp smält smör.

f) Grädda i ca 40 minuter.

g) Låt svalna tills den ska serveras.

h) Tillsätt vispad grädde ovanpå.

38. Chiapudding

Utbyte: 4 ökenskålar

Ingredienser
- 1 burk ekologisk kokosmjölk och 1 burk vatten, kombinerat
- 8 matskedar chiafrön
- 1/2 tsk ekologiskt vaniljextrakt
- 2 msk brunt rissirap

Vägbeskrivning:

a) Blanda samman kokosmjölk, vatten, brunt rissirap och chiafrön i en mixerskål.

b) Blanda ihop allt i tio minuter.

c) Kyl i 30 minuter innan servering.

d) Sätt i 1 tesked mald vanilj eller 1/2 tesked organiskt vaniljextrakt i blandningen.

e) Häll upp i dessertskålar och strö över vaniljpulver eller nymalen muskotnöt.

f) Att låta den sitta över natten ger den en fast konsistens.

39.Äppelgodis

Utbyte: 6 kex

Ingredienser
- 1 dl mandel, blötlägg över natten
- 1 ½ kopp knapriga äpplen
- ½ dl linfrön – malda
- 2 stora dadlar, urkärnade och avskalade
- 1 msk citronsaft
- 1 tsk grått havssalt
- ½ kopp psylliumskal

Vägbeskrivning:

a) Mixa mandel, salt, citronsaft, dadlar och äpplen i en matberedare. Tillsätt linfrö och psylliumskal.

b) Skopa ut delar av degen som är stora med golfbollar, rulla dem till bollar och arrangera dem på ett dehydratorark med 1 tum mellan dem.

c) Klappa de rundade topparna neråt.

d) Torka över natten i dehydratorn, eller grädda i 1 timme på lägsta inställningen med luckan lite på glänt.

e) Ta bort frukt- och proteinsnacksen och kontrollera om de är fasta.

40.Butternut Squash Mousse

Utbyte: 4 portioner

Ingredienser
- 2 dl butternut squash, skalad och tärnad
- 1 kopp vatten
- 1 tsk citronsaft
- 1 dl cashewnötter eller pinjenötter
- 4 dadlar – urkärnade och stjälkarna borttagna
- ½ tsk kanel
- 1 tsk muskotnöt
- 2 tsk ekologiskt vaniljextrakt

Vägbeskrivning:

a) I en mixer, kombinera alla ingredienser och mixa i ungefär 5 minuter, eller tills det är väl kombinerat.

b) Överför till individuella serveringskoppar eller ett stort serveringsfat.

c) Detta kan lämnas i kylen över natten, och smakerna kommer att smälta samman, vilket gör den ännu mer kryddig.

d) Ringla över lönnsirap innan servering.

41. Södra sötpotatispaj

Utbyte: 10 portioner

Ingredienser:

- 2 koppar skalad, kokt sötpotatis
- ¼ kopp smält smör
- 2 ägg
- 1 kopp socker
- 2 matskedar bourbon
- 1/4 tsk salt
- 1/4 tsk mald kanel
- 1/4 tsk mald ingefära
- 1 dl mjölk

Vägbeskrivning:

a) Värm ugnen till 350 grader Fahrenheit.

b) Med undantag för mjölken, blanda alla ingredienserna helt i en elektrisk mixer.

c) Tillsätt mjölken och fortsätt att röra när allt är helt blandat.

d) Häll fyllningen i pajskalet och grädda i 35-45 minuter, eller tills en kniv som sticks in nära mitten kommer ut ren.

e) Ta ut ur kylen och låt den svalna till rumstemperatur innan servering.

42. Sötpotatis och kaffe brownies

Utbyte: 8

Ingredienser:

- 1/3 kopp nybryggt varmt kaffe
- 1-ounce osötad choklad, hackad
- 1/4 kopp rapsolja
- 2/3 kopp sötpotatispuré
- 2 tsk rent vaniljextrakt

Vägbeskrivning:

a) Värm ugnen till 350 grader Fahrenheit.

b) I en liten skål, kombinera kaffet och 1-ounce choklad och låt stå åt sidan i 1 minut.

c) Kombinera oljan, sötpotatispuré, vaniljextrakt, socker, kakaopulver och salt i en stor blandningsskål. Blanda tills allt är väl blandat.

d) Blanda mjöl och bakpulver i en separat skål. Tillsätt chokladbitarna och blanda väl.

e) Använd en spatel och rör försiktigt ner de torra ingredienserna i de våta tills alla ingredienserna är kombinerade.

f) Häll smeten i ugnsformen och grädda i 30-35 minuter, eller tills en tandpetare i mitten kommer ut ren.

g) Låt svalna helt.

43.   Thanksgiving Corn Soufflé

Utbyte: 8-10 portioner

Ingredienser:

- 1 medelstor lök
- 5 lbs. fryst sockermajs
- 6 koppar Monterey Jack, strimlad
- 3 ägg
- 1 tsk salt

Vägbeskrivning:

a) Fräs löken i olivolja i en stekpanna. Avsätta.

b) Mal majs i en matberedare.

c) Blanda och rör ner övriga ingredienser, inklusive den sauterade löken.

d) Lägg i en 8x14 ugnsform som har smörjts.

e) Grädda i 375°F i cirka 25 minuter, eller tills toppen är gyllenbrun.

44. Tranbärsglass

Utbyte: 2 portioner

Ingredienser:

Tranbärspuré

- 1/4 kopp vatten
- 1/4 tsk salt
- 12 oz. Färska tranbär, rensade och sorterade
- 2 msk färskpressad apelsinjuice

Glass

- 1½ koppar tung grädde
- 1½ koppar helmjölk
- 1 kopp socker
- 1¼ koppar tranbärspuré

Vägbeskrivning:

Tranbärspuré:

a) Värm vatten, salt och tranbär i 6-7 minuter på medelvärme.

b) Ta bort från värmen och ställ åt sidan i 10 minuter för att svalna.

c) Mosa tranbären och apelsinjuicen i en mixer eller matberedare.

d) Kyl tranbärspurén i flera timmar.

Glass

e) Blanda grädde, mjölk, socker och tranbärspuré i en mixerskål.

f) I en glassmaskin, kärna ingredienserna enligt tillverkarens anvisningar.

g) Överför den frysta och krämiga blandningen till en kyld glassbehållare.

h) Frys in i minst 4-6 timmar.

i) Tina i kylen i 5-10 minuter innan servering.

45. Valnöt Petites

Utbyte: 4 dussin

Ingredienser:

- 8 oz. färskost, mjukad
- 1 kopp osaltat smör, mjukat
- 2 koppar universalmjöl
- 2 stora ägg
- 1 1/2 kopp packat farinsocker
- 2 dl hackade valnötter

Vägbeskrivning:

a) Värm ugnen till 350 grader Fahrenheit.

b) Använd en elektrisk mixer, vispa färskost och smör tills det är slätt.

c) Sikta i mjöl och lite salt och rör sedan tills degen formar sig. Skär i fyra degar och kyl i minst 1 timme, inlindade i plastfolie.

d) Rulla varje degbit till 12 bollar och tryck ut varje boll i botten och uppför kanterna på en mini-muffinskopp för att få ett bakverksskal. Kyl tills den ska användas.

e) Vispa ihop ägg, farinsocker och en nypa salt i en stor bunke till en jämn smet och vänd sedan ner valnötterna.

f) Lägg 1 sked fyllning i varje bakverksskal

g) Grädda i omgångar i mitten av ugnen i 25 till 30 minuter, eller tills fyllningen bubblar och bakverket är ljust gyllene.

h) Överför till ett kylande galler.

46. Thanksgiving morotssufflé

Utbyte: 8 portioner

Ingredienser:

- 2 pund. färska morötter, skalade och kokta
- 6 ägg
- 2/3 kopp socker
- 6 matskedar matzoh måltid
- 2 tsk vanilj
- 2 pinnar smör eller margarin, smält
- En skvätt muskotnöt
- 6 matskedar farinsocker
- 4 msk smör eller margarin, smält
- 1 dl hackade valnötter

Vägbeskrivning:

a) Purea morötter och ägg i en matberedare.

b) Bearbeta de följande fem ingredienserna tills de är slät.

c) Grädda i 40 minuter i en smord 9x13 form vid 350°F.

d) Tillsätt toppingen och grädda i ytterligare 5-10 minuter.

47.   Pumpaflan

Utbyte: 6-8 portioner

Ingredienser:

- ¾ kopp socker
- ½ tsk rent lönnextrakt
- 2 tsk rivet apelsinskal (2 apelsiner)
- ½ tesked fleur de sel
- 1½ tsk mald kanel
- 1 (14oz.) burk sötad kondenserad mjölk
- ½ tsk mald muskotnöt
- 1 (12oz.) kan indunstad mjölk
- 1 dl pumpapuré
- ½ kopp (4 oz.) italiensk mascarpone
- 4 extra stora ägg
- 1 tsk rent vaniljextrakt

Vägbeskrivning:

a) Gör karamellen: Kombinera socker, lönnsirap och 1/3 kopp vatten i en liten tjockbottnad kastrull.

b) Koka på låg koka, rör om då och då, i 5-10 minuter, eller tills blandningen blir gyllenbrun och når 230°F.

c) Ta kastrullen från värmen, vispa i fleur de sel och häll direkt i en stor rund kakform.

d) I en blandningsskål, kombinera kondenserad mjölk, evaporerad mjölk, pumpapuré och mascarpone; vispa på låg hastighet tills den är slät.

e) Vispa ihop ägg, vanilj, lönnextrakt, apelsinskal, kanel och muskot i en bunke. Häll långsamt pumpablandningen i pannan med kolan så att de inte blandas.

f) Placera kakformen i en långpanna och häll tillräckligt med varmt vatten i långpannan för att komma halvvägs upp på kakformens kanter.

g) Grädda i 70-75 minuter i mitten av ugnen, tills vaniljen knappt stelnat.

h) Ta bort flanen från vattenbadet och svalna helt på ett galler. Ställ i kylen i minst 3 timmar.

i) Kör en liten kniv runt flanens kant.

j) Vänd kakformen på ett platt serveringsfat med en lätt kant och vänd ut flanen på tallriken. Karamellen ska droppa över sidorna av flanen.

k) Skär i klyftor och servera med en sked kola ovanpå varje skiva.

48. Country Corn gryta

Utbyte: 4 portioner

Ingredienser
- 2 dl majskärnor
- 1 tsk socker
- 1 tsk vaniljextrakt
- 1 tsk salt
- 1/4 tsk svartpeppar
- 2 ägg, vispade
- 1 dl mjölk
- 1 msk smör, smält
- 2 msk knäcksmulor

Vägbeskrivning:

a) Värm ugnen till 350°F.

b) I en stor blandningsskål, kombinera alla ingredienser.

c) Häll i en osmord 1-1/2-liters gryta.

d) Grädda i 40–50 minuter, eller tills de är gyllenbruna.

49. Cranberry Pecan Relish

Utbyte: 3 koppar

Ingredienser

- 1 kärnfri apelsin, skuren i stora bitar
- 1 äpple, kärna ur och skär i stora bitar
- 2 dl färska tranbär
- 1/2 kopp socker
- 1/4 kopp pekannötter

Vägbeskrivning

a) Blanda alla ingredienserna i en matberedare.

b) Bearbeta i 1 till 2 minuter, skrapa ner sidorna av behållaren efter behov, eller tills den är finhackad och helt blandad.

c) Servera omedelbart, eller kyl tills den ska serveras i en lufttät burk.

50. Kalkon och potatis Hash kakor

Utbyte: 12 kakor

Ingredienser

- 2 koppar potatismos
- 4 koppar finhackad kokt kalkon
- 1/4 kopp hackad lök
- 1/4 kopp hackad grön paprika
- 1/4 kopp torrt brödsmulor
- 1 tsk salt
- 3/4 tsk svartpeppar
- 1/4 tsk vitlökspulver
- 1/4 tsk paprika
- 1/4 kopp hackad persilja
- 3 ägg, lätt vispade
- 1/2 kopp vegetabilisk olja

Vägbeskrivning:

a) I en stor bunke, vispa ihop alla ingredienser utom oljan.

b) Gör pannkakor av blandningen.

c) Värm tillräckligt med olja för att täcka en stor stekpanna över medelhög värme; koka pannkakor på varje sida, tillsätt mer olja efter behov, tills de är gyllenbruna, låt rinna av på hushållspapper.

d) Servera omedelbart.

51. Apple Crunch Cobbler

Utbyte: 8 portioner

Ingredienser

- 4 medelstora äpplen, skalade och skivade
- 2 koppar granola, delad
- 1/2 kopp gyllene russin
- 1/4 kopp honung
- 1/4 kopp packat farinsocker
- 2 msk smör, smält
- 1 tsk vaniljextrakt
- 1 tsk mald kanel
- 1/4 tsk mald muskotnöt
- 1/8 tsk mald kryddnejlika
- 8 dl vaniljglass

Vägbeskrivning:

a) Värm försiktigt upp äpplena i en 4-quarts slow cooker.

b) I en medelstor blandningsskål, kombinera granolaflingor och nästa 8 ingredienser; strö över äpplen.

c) Koka på LÅG i 6 timmar under lock.

d) Servera äpplena ovanpå vaniljglass.

52. Gooey Amish Caramel Pie

Utbyte: 8 portioner

Ingredienser
- 2 dl ljust farinsocker
- 1 kopp vatten
- 1 msk smör
- 3/4 kopp universalmjöl
- 3/4 kopp mjölk
- 3 äggulor
- 1 tsk vaniljextrakt
- 1 (9-tums) bakad pajskal
- 1 kopp pekannötshalvor

Vägbeskrivning:

a) Koka upp farinsocker, vatten och smör i en medelstor kastrull på medelhög värme; låt sjuda i 3 till 5 minuter, rör om regelbundet.

b) Vispa ihop mjöl, mjölk och äggulor i en medelstor skål.

c) Tillsätt långsamt mjölblandningen i den kokande blandningen i 3 till 5 minuter, rör om ofta.

d) Ta av från värmen, blanda i vaniljextraktet och ställ åt sidan för att svalna i 5 minuter.

e) Häll fyllningen i en kokt pajskal och toppa med pekannötshalvor.

f) Ställ åt sidan i 30 minuter för att svalna innan den ställs i kylen i 8 timmar eller över natten.

53. Höstlöv

Utbyte: 12 blad

Ingredienser
- 1 rullad kyld pajskal
- 1 ägg
- 2 matskedar vatten

Vägbeskrivning:
a) Värm ugnen till 350°F.

b) Skär ut bladformer från pajskalet med en stencil, en vass kniv eller en kakform.

c) Rita linjer på "löv" utskärningar med en kniv för att likna ådror på äkta löv, men skär inte hela vägen genom skorpan.

d) För att skapa en naturlig kurva under gräddningen, placera utskärningar på ett bakplåtspapper eller drapera över upphopad aluminiumfolie.

e) I en liten bunke, vispa ihop ägget och vattnet tills det är ordentligt blandat. Pensla utskärningarna med äggtvätt.

f) Grädda i 3 till 5 minuter, tills de är gyllene.

54.   Skördfruktkompott

Utbyte: 8 portioner

Ingredienser

- 5 äpplen, skurna i 1-tums bitar
- 3 medelstora päron, skurna i 1-tums bitar
- 3 stora apelsiner, skalade och delade
- 1 (12-ounce) förpackning färska tranbär
- 1 1/2 dl äppeljuice
- 1 1/2 koppar packat ljust farinsocker

Vägbeskrivning:

a) Blanda alla ingredienser i en soppgryta och låt koka upp på medelhög värme.

b) Sänk värmen till medel och koka, rör om regelbundet, i 10 till 15 minuter, eller tills frukten är mjuk.

c) Efter att frukten har svalnat, häll den i en lufttät behållare och förvara den där tills den ska serveras.

55. Thanksgiving tranbärspaj

Utbyte: 8 portioner

Ingredienser

- 2 pajskal
- 1 förpackning gelatin; apelsinsmak
- ¾ kopp kokande vatten
- ½ kopp apelsinjuice
- 1 burk (8-oz) geléad tranbärssås
- 1 tsk rivet apelsinskal
- 1 kopp kall halv-och-halv eller mjölk
- 1 förpackning Jell-O instantpudding, fransk vanilj eller vaniljsmak
- 1 kopp Cool Whip vispad topping
- Frostade tranbär

Vägbeskrivning:

a) Värm ugnen till 450°F

b) Koka upp gelatinet och lös det. Häll i apelsinjuicen. Placera skålen i en större is- och vattenskål. Låt stå i 5 minuter, rör om regelbundet, tills gelatinet har tjocknat något.

c) Tillsätt tranbärssåsen och apelsinskalet och rör om. Fyll pajskalet med fyllningen. Kyl i cirka 30 minuter, eller tills den stelnat.

d) I en medelstor blandningsskål, häll hälften och hälften. Häll i pajfyllningsblandningen. Vispa tills det är helt blandat.

e) Ställ åt sidan i 2 minuter, eller tills såsen har tjocknat något. Vänd till sist ner den vispade toppingen.

f) Bred försiktigt ut gelatinblandningen ovanpå. Kyl i 2 timmar eller tills den är stel.

g) Om så önskas, toppa med mer vispad topping och frostade tranbär.

56. Mousserande tranbär

Utbyte: 2 koppar

Ingredienser
- 1 kopp ren lönnsirap
- 2 dl färska tranbär
- 1 kopp socker
- Bakplåtspapper

Vägbeskrivning:

a) Koka lönnsirap i 1 till 2 minuter i en kastrull på medelhög värme.

b) Ta av värmen och blanda i tranbären.

c) Kyl i 8 till 12 timmar, täckt.

d) Häll av tranbären.

e) Kasta 4 till 5 tranbär i socker åt gången, släng försiktigt för att täcka.

f) Lägg tranbär i ett enda lager på en plåt belagd med bakplåtspapper och ställ åt sidan för att torka helt.

57. Torte med citronfyllning

Marängskal

- 3 stora äggvitor
- ¼ tesked grädde av tandsten
- ¼ tesked kosher salt
- 10 paket aspartam sötningsmedel

Fyllning

- 2¼ koppar vatten
- Rivet skal av 1 citron plus juice
- 30 paket aspartam sötningsmedel
- 1/3 kopp plus 2 matskedar majsstärkelse
- 2 stora ägg och 2 stora äggvitor
- 2 msk osaltat smör

Vägbeskrivning:

a) Vispa de 3 äggvitorna i en medelstor skål tills de blir skum. Tillsätt grädden av tartar, salt och sötningsmedel och vispa till hårda toppar. Klä en plåt med bakplåtspapper och häll ut marängen på pappret.

b) Blanda vatten, citronskal och juice, salt, sötningsmedel och majsstärkelse i en medelstor kastrull. Koka upp på medelhög värme under konstant omrörning.

c) Vispa två ägg och två äggvitor i en liten skål. Rör i ungefär hälften av den varma majsstärkelseblandningen och rör sedan tillbaka denna äggblandning i majsstärkelseblandningen som finns kvar i pannan. Koka och rör om på låg värme i 1 minut.

d) Ta bort från värmen och virvla i smöret. Häll blandningen i det kokta och kylda marängskalet. Toppa med de skivade jordgubbarna och servera på en gång.

58. Choklad amaretto fondue

Ingredienser:

- 3 uns osötad bakchoklad
- 1 kopp tung grädde
- 24 paket aspartam sötningsmedel
- 1 matsked socker
- 1 tsk amaretto
- 1 tsk vaniljextrakt
- Valfria bär, ca ½ kopp per portion

Vägbeskrivning:

a) Bryt chokladen i små bitar och lägg i ett 2-kopps glasmått med grädden. Värm i mikrovågsugnen på hög (100 procent effekt), tills chokladen smält, ca 2 minuter (eller värm i en dubbelbroiler på låg värme under konstant vispning). Vispa tills blandningen är blank.

b) Tillsätt sötningsmedel, socker, amaretto och vanilj, vispa tills blandningen är slät.

c) Överför blandningen till en fonduegryta eller en serveringsskål. Servera med bär till doppning.

59. Flans med en halloncoulis

Ingredienser:
- 1 dl mjölk
- 1 kopp halv-och-halva
- 2 stora ägg
- 2 stora äggulor
- 6 paket aspartam sötningsmedel
- ¼ tesked kosher salt
- 1 tsk vaniljextrakt
- 1 kopp färska hallon

Vägbeskrivning:

a) Placera en långpanna fylld med 1 tum vatten på ett galler i den nedre tredjedelen av ugnen.

b) Smör sex ½-tums ramekins. Värm mjölken och hälften och hälften i mikrovågsugnen på hög (100 procent effekt) i 2 minuter eller på spishällen i en medelstor kastrull tills den är varm.

c) Vispa under tiden ägg och äggulor i en medelstor skål tills det blir skum. Vispa gradvis ner den varma mjölkblandningen i äggen. Rör ner sötningsmedel, salt och vanilj. Häll blandningen i de förberedda ramekinerna.

d) Lägg i de vattenfyllda kastrullerna och grädda tills vaniljsåsen stelnat, ca 30 minuter.

e) Ta ut rätterna från långpannan och svalna till rumstemperatur på ett galler och ställ sedan i kylen tills de är kylda, cirka 2 timmar.

f) För att göra coulisen, puréer du helt enkelt hallonen i matberedaren. Tillsätt sötningsmedel efter smak.

g) För att servera, kör en sked runt kanten på varje vaniljsås och vänd ut den på en desserttallrik. Ringla coulis över toppen av vaniljen och avsluta med några färska hallon och en kvist mynta, om du använder den.

60. Chokladkaka

Ingredienser:

- Kakao för att pudra pannan
- 6 matskedar osaltat smör
- 4 uns osötad choklad
- 1/3 kopp halv-och-halva
- 1/3 kopp hallonkonserver av all frukt
- 1 tsk instant espressopulver
- 1 matsked socker
- 3 stora ägg, separerade
- 1 tsk vaniljextrakt
- 22 paket aspartam sötningsmedel
- $\frac{1}{8}$ tesked grädde av tandsten
- $\frac{1}{4}$ kopp universalmjöl
- $\frac{1}{8}$ tesked salt
- 1 kopp tung grädde
- $\frac{1}{2}$ kopp hallon för garnering (valfritt)

Vägbeskrivning:

a) Kombinera smör, choklad, halv-och-halva, hallonkonserver och espressopulver i en mikrovågssäker skål. Värm i mikrovågsugnen på hög (100 procent effekt) tills chokladen smält, 2 till 3 minuter.

b) Vispa i socker, äggulor och vanilj. Tillsätt aspartamen, vispa tills den är slät.

c) I en annan skål, vispa äggvitan tills den blir skum, tillsätt sedan grädden av tartar och vispa till hårda toppar. Vänd ner chokladblandningen i äggvitorna och vänd sedan ner det kombinerade mjölet och saltet, var noga med att inte blanda för mycket. Häll i den förberedda pannan. Baka.

61. Flan almendra

Ingredienser:

- 1¼ koppar helmjölk
- 4 stora ägg
- 3 paket aspartam sötningsmedel, eller efter smak
- 1 matsked socker
- 1 tsk vaniljextrakt
- 1 tsk mandelextrakt (valfritt)
- ¼ kopp strimlad mandel
- ½ kopp valfria bär för garnering (valfritt)

Vägbeskrivning:

a) Placera en stekpanna fylld med 1 tum vatten i ugnen och förvärm till 325°F. Smör 4 ramekins eller glas vaniljsås.

b) Värm mjölken i en 1-liters, mikrovågssäker skål i 2 minuter på hög (100 procent effekt). Alternativt, värm på spisen i en medelstor kastrull till strax under kokning.

c) Under tiden, i en annan skål, vispa ihop ägg, sötningsmedel, socker, vanilj och mandelextrakt, om du använder det. Häll den varma mjölken i äggblandningen och rör om så att det blandas.

d) Rosta mandlarna genom att värma dem i en liten torr stekpanna tills de börjar få färg, ca 1 minut. Dela mandeln mellan de 4 ramekins och fyll sedan med vaniljsås. Täck med aluminiumfolie. Lägg ramekinerna i vattenbadet. Grädda tills vaniljsåsen stelnat, ca 20 minuter. För att testa, sätt in en kniv i mitten; det ska komma ut rent.

e) Servera i rumstemperatur eller kyld. För att servera, kör en kniv runt kanten på ramekinen och vänd sedan ut flanen på en desserttallrik. Om du vill, tillsätt $\frac{1}{2}$ kopp valfria bär.

62.   Kryddade jordgubbar

Ingredienser:

- 2 dl halverade jordgubbar
- 1 matsked socker
- 2 tsk sherryvinäger
- ¼ tesked finmalen svartpeppar

Vägbeskrivning:

a) Kasta bären med socker, vinäger och peppar i en medelstor skål. Täck och kyl i minst 15 minuter.

b) Servera i fotade dessertträtter.

63.   Blackberry dåre

Ingredienser:

- 1 kopp crème fraîche, eller 1 msk gräddfil plus 1 kopp tung grädde
- 1 dl björnbär
- 1 matsked socker
- 1 paket aspartam sötningsmedel, eller efter smak
- $\frac{1}{8}$ tesked crème de cassis

Vägbeskrivning:

a) Lägg åt sidan 6 ursnygga björnbär. Kombinera de återstående bären med socker, sötningsmedel, crème de cassis och crème fraîche. Blanda försiktigt och sked sedan till efterrätter med fot.

b) Täck och kyl tills servering. Garnera med de reserverade bären.

64. Zabaglione

Ingredienser:

- 6 stora äggulor
- 2 paket aspartam sötningsmedel
- ¼ kopp Marsala
- 1 msk rivet apelsinskal
- 3 matskedar Grand Marnier
- 1 kopp tjock grädde, vispad till mjuka toppar

Vägbeskrivning:

a) Vispa äggulor och sötningsmedel i toppen av en dubbelkokare, ställ över sjudande vatten, tills det är ljusgult och tjockt, 3 till 5 minuter.

b) Tillsätt Marsala och apelsinskal och fortsätt koka, vispa kraftigt, tills blandningen tjocknar tillräckligt för att täcka baksidan av en sked.

c) Ta av från värmen och rör ner Grand Marnier.

d) Dela upp på fyra dessertträtter. Servera varm eller kyld. Toppa varje portion med ¼ kopp vispad grädde. Alternativt kan du kyla zabaglionen och vända ner den vispade grädden och dela sedan mellan dessertträtterna.

65. Hallon och grädde

Ingredienser:

- $\frac{1}{2}$ kopp tung grädde
- $\frac{1}{4}$ tesked vaniljextrakt
- 1 matsked socker
- $\frac{1}{2}$ paket aspartam sötningsmedel
- 1 pint färska hallon

Vägbeskrivning:

a) Vispa grädden med vanilj, socker och aspartam tills den bildar mjuka toppar. Krossa hälften av hallonen med en sked och vänd ner i grädden.

b) Fördela resterande bär mellan fyra dessertskålar och toppa med hallongrädden. Täck över och kyl till servering.

66. Fruktbollar i bourbon

Ingredienser:
- ½ kopp melonbollar
- ½ kopp halverade jordgubbar
- 1 matsked bourbon
- 1 matsked socker
- ½ paket aspartam sötningsmedel, eller efter smak
- Kvistar färsk mynta till garnering

Vägbeskrivning:

a) Blanda melonbollarna och jordgubbarna i en glasform.

b) Blanda med bourbon, socker och aspartam.

c) Täck över och kyl till servering. Häll frukten i dessertfat och dekorera med myntablad.

67. Mango i indisk stil

Ingredienser:
- 1 stor mogen mango
- ½ lime
- ½ tsk currypulver

Vägbeskrivning:

a) Dela mangon på mitten på längden runt ekvatorn.

b) Vrid mellan händerna för att släppa gropen, som du slänger.

c) Riva köttet av varje halva, gör ett fint kors och tvärs mönster utan att skära igenom huden.

d) Vänd varje mangohalva ut och in och servera på en desserttallrik beströdd med limejuice och currypulver.

68. Italiensk cheesecake

Ingredienser:

- 2 dl delvis skummad ricottaost
- 3 stora ägg
- 2 matskedar majsstärkelse
- 2 paket aspartam sötningsmedel
- 1½ tsk citronextrakt
- 1 kopp färska hallon
- ¼ kopp all-frukt röda vinbärskonserver

Vägbeskrivning:

a) Värm ugnen till 325°F. Smöra en 9-tums pajplatta. Vispa ihop ricottan och äggen i en stor skål tills den är slät.

b) Slå i majsstärkelse, sötningsmedel och citronextrakt. Vänd ner i det förberedda pajfatet. Grädda på mitten av ugnen i 1 timme, eller tills en kniv i mitten kommer ut ren.

c) Kyl på galler och kyl sedan. Toppa med färska hallon. Smält konserver i en mikrovågsugn på hög (100 procent effekt) i 30 sekunder, ringla sedan över bären.

d) Kyl till serveringstid.

69. Citronfluff

Ingredienser:

- 2 stora ägg, separerade
- 2 dl mjölk
- 1 kuvert smaklös gelatin
- 1 paket aspartam sötningsmedel
- 1 matsked socker
- 2 tsk citronextrakt
- 1 tsk rivet citronskal

Vägbeskrivning:

a) Vispa äggulorna i en medelstor kastrull tills de blir tjocka och citroniga. Rör ner mjölk och gelatin och ställ åt sidan i 5 minuter för att mjukna.

b) Tillsätt sötningsmedel och socker och koka på låg värme under konstant omrörning i 5 minuter. Ta av från värmen och rör ner citronextraktet och skalet.

c) Häll i en stor, grund skål och kyl i en stor skål fylld med isvatten.

d) Under tiden, i en medelstor skål, vispa äggvitorna tills mjuka toppar bildas. Vänd ner i citronblandningen.

e) Häll upp i sex dessertätter och kyl tills det stelnat.

70. Mandel- och kokosmaränger

Ingredienser:

- 3 stora äggvitor
- ¼ tesked kosher salt
- 3 paket aspartam sötningsmedel
- 1 tsk mandelextrakt
- ⅛ kopp finhackad mandel
- ½ kopp strimlad osötad kokos

Vägbeskrivning:

a) Värm ugnen till 250°F. Kombinera äggvita, salt och sötning i en gnistrande bunke.

b) Vispa med elmixer eller vispa tills äggvitan bildar stela toppar. Vänd ner mandelextraktet, mandeln och kokosnöten.

c) Häll av den rågade matskeden på en bakplåtspappersklädd plåt.

d) Grädda 30 minuter, stäng sedan av ugnen och låt marängerna svalna i ugnen, utan att öppna luckan, minst 1 timme. Förvara i en burk.

71. Chocolate chip cookies

Portioner: 12 kakor

Ingredienser:

- ½ kopp smör
- ⅓ kopp färskost
- 1 uppvispat ägg
- 1 tsk vaniljextrakt
- ⅓ kopp erytritol
- ½ kopp kokosmjöl
- ⅓ kopp sockerfri chokladbit

Vägbeskrivning:

a) Förvärm airfryern till 350°F. Klä airfryerkorgen med bakplåtspapper och lägg kakorna inuti

b) Blanda smör och färskost i en skål. Tillsätt Erythritol och vaniljextrakt och vispa tills det är fluffigt. Tillsätt ägget och vispa tills det är blandat. Blanda i kokosmjöl och chokladbitar. Låt degen vila i 10 minuter.

c) Skopa ur cirka 1 msk deg och forma kakorna.

d) Lägg kakorna i air fryer-korgen och koka i 6 minuter.

72. Air Fryer Brownies

avkastning: 2 SERVERINGAR

Ingredienser:

- 1/3 kopp mandelmjöl
- 3 matskedar pulveriserat sötningsmedel
- 1/2 tsk Bakpulver
- 2 matskedar osötat kakaopulver
- 1 ägg
- 4 msk smör, smält
- 2 msk chokladchips
- 2 msk pekannötter, hackade

Vägbeskrivning:
a) Värm air fryer till 350 grader.

b) I en bunke, rör ihop mandelmjöl, bakpulver, kakaopulver och pulveriserat sötningsmedel.

c) Tillsätt ägget och det smälta smöret till de torra ingredienserna och vispa högt tills det är slätt.

d) Rör ner pekannötterna och chokladbitarna.

e) Dela smeten i två separata väl smorda ramekins.

f) Tillaga kakorna i 10 minuter så långt från värmekällan överst på airfryern som du kan få dem.

g) Låt browniesna vila i 5 minuter innan de serveras med dina favoritpålägg.

73. Bärostkaka

Utbyte: 8

Ingredienser:

- 2 (8 oz.) block av färskost, uppmjukad
- 1 kopp + 2 msk sötningsmedel
- 2 ägg
- 1 tsk hallonextrakt
- 1 kopp bär

Vägbeskrivning:
a) Vispa färskosten och Swerve-sötningen i en stor bunke tills den är fin och krämig.

b) Tillsätt ägg och hallonextrakt. Blanda väl.

c) I en mixer eller matberedare, krossa bären och blanda sedan ner i cheesecakeblandningen tillsammans med de 2 extra matskedarna Swerve.

d) Smörj en springform och häll sedan i blandningen.

e) Placera pannan i luftfrityrarens korg och tillaga vid 300°F i 10 minuter. Sänk sedan temperaturen till 250°F i 40 minuter. Du vet att det är klart när du försiktigt skakar pannan och allt verkar stelnat men mitten skakar lite.

f) Ta ut den och låt den svalna lite innan den ställs i kylen. Förvara den i kylen i 24 timmar. Ju längre desto bättre att låta den ställas in helt.

74. Munkar i Air Fryer

Serverar: 6

Ingredienser:

- 1 ¼ kopp mandelmjöl 125 gram
- ⅓ kopp granulerad erytritol 60 gram
- 1 tsk bakpulver
- ¼ tesked xantangummi
- ⅛ tesked salt
- 2 ägg rumstempererade
- 2 msk kokosolja smält
- 2 msk osötad mandelmjölk
- ½ tesked vaniljextrakt
- ¼ tesked flytande stevia
- Beläggning av kanelsocker
- 4 matskedar granulerad erytritol
- 1 ½ tsk kanel

Vägbeskrivning:
a) I en stor skål, vispa ihop mandelmjöl, erytritol, bakpulver, xantangummi och salt.

b) Vispa de rumstempererade äggen lätt i en medelstor skål. Vispa i smält kokosolja, mandelmjölk, vanilj och flytande stevia. Häll blandningen i skålen med torra ingredienser och rör om för att kombinera.

c) Förvärm airfryer till 330°F i 3 minuter. Spraya munkpannor eller formar med avokadoolja.

d) Sprid smeten i sex 3-tums munkhåligheter, fyll cirka 3/4. Knacka pannan på bänken för att sedimentera smeten och minska luftbubblorna.

e) Grädda munkar i airfryer vid 330°F i 8 minuter. Kontrollera med tandpetare om den är färdig. (Med många luftfritöser kan du behöva baka en uppsättning med 4 munkar först, sedan de återstående 2.)

f) Ta bort munkar från airfryern och låt svalna i pannan i 5 minuter. Blanda under tiden ihop erytritol och kanel i en skål (och baka resterande munkar, om det behövs).

g) Efter kylningstiden tar du försiktigt bort munkar från pannan och täcker båda sidorna av varje munk med kanelsockerblandning.

h) Placera belagda munkar i airfryer med den plattare sidan nedåt. Grädda vid 350°F i 2 minuter, täck omedelbart med kanelsocker för en sista gång. Njut av!

75. Vanilj jordgubbstårta

Serverar 6

Ingredienser:

- 1 kopp (100 g) mandelmjöl
- ½ kopp (75 g) Natvia
- 1 tsk (5g) bakpulver
- 2 matskedar (40 g) kokosolja
- 2 stora ägg (51g vardera)
- 1 tsk (5g) vaniljextrakt
- 300 ml kall grädde
- 200g färska mogna jordgubbar

Vägbeskrivning:

a) Förvärm airfryer till 180°C, i 3 minuter.

b) Blanda mandelmjöl, Natvia och bakpulver med en nypa havssalt i en stor skål.

c) Tillsätt kokosolja, ägg och vanilj och rör om.

d) Pensla lätt en 16 cm kakform med extra kokosolja.

e) Använd en spatel och skrapa ner blandningen i kakformen.

f) Lägg i airfryer-korgen och täck med folie.

g) Koka i 160°C, i 20 minuter.

h) Ta bort folien och koka i ytterligare 10 minuter eller tills ett spett isatt tar bort rent.

i) När den är kall, vispa den kalla grädden med en elvisp i 5 minuter eller tills det bildas styva toppar.

j) Bred ut över kakan och arrangera de skivade jordgubbarna ovanpå.

k) Börja från utsidan, använd de större skivorna (den spetsiga sidan ut) och jobb dig gradvis in.

l) Överlappa varje lager för att skapa höjd.

76. Bärskomakare

Serverar 4

Ingredienser:

- 2 koppar (250 g) frysta blåbär, tinade
- ½ kopp (120 g) mjukt smör
- ¼ kopp (38g) Natvia
- 2 ägg (51g vardera)
- ½ kopp (50 g) mandelmjöl
- 1 tsk (5g) vaniljextrakt

Vägbeskrivning:
a) Förvärm airfryer till 180°C, i 3 minuter.

b) Lägg de tinade blåbären i botten av en 8 x 8 cm keramikform eller brödform.

c) I en skål, blanda ihop resterande ingredienser med en nypa havssalt och skeda över blåbär.

d) Peka försiktigt för att blanda ihop bär- och mandelblandningen något.

e) Placera fatet i air fryer.

f) Täck med folie.

g) Grädda i 180°C, i 10 minuter. Ta bort folien och grädda i ytterligare 5 minuter eller tills den fått fin färg.

77. Choklad Bundt tårta

Serverar 6

Ingredienser:

- 1 ½ koppar (150 g) mandelmjöl
- ½ kopp (75 g) Natvia
- ⅓ kopp (30 g) osötat kakaopulver
- 1 tsk (5g) bakpulver
- ⅓ kopp (85 g) osötad mandelmjölk
- 2 stora ägg (51g vardera)
- 1 tsk (5g) vaniljextrakt

Vägbeskrivning:
a) Förvärm airfryer till 180°C, i 3 minuter.
b) I en stor mixerskål, rör om alla ingredienser tills de är väl kombinerade.
c) Spraya en mini Bundt-burk med olja. OBS: Bundt kakformar finns i en mängd olika storlekar, storleken du behöver beror på storleken på din airfryer. En lätt spray med olja eller pensla med smält smör förhindrar att den fastnar.
d) Häll ner smeten i formen.
e) Lägg i airfryer-korgen och tillaga i 160°C i 10 minuter.

f) Kyl i 5 minuter innan du tar bort.

78. Jätte PB Cookie

Serverar 4

Ingredienser:

- ⅓ kopp (33 g) mandelmjöl
- 2 matskedar (24g) Natvia
- 1 stort ägg (51g)
- 3 matskedar (75 g) knaprigt jordnötssmör
- 1 tsk (3g) kanel

Vägbeskrivning:
a) Förvärm airfryer till 180°C, i 3 minuter.

b) Lägg alla ingredienser i en skål med en nypa havssalt och blanda ihop.

c) Häll upp blandningen på en runda bakplåtspapper och tryck lätt för att breda ut, håll blandningens tjocklek så jämn som möjligt.

d) Koka i 180°C i 8 minuter.

79. Dessertbagels

Gör 4

Ingredienser:

- 1 kopp (100 g) mandelmjöl
- ½ teskedar (2,3 g) bakpulver
- ¼ kopp (75 g) strimlad mozzarella
- 1 msk (20 g) färskost
- 1 stort ägg (51g)

Vägbeskrivning:
a) Förvärm airfryer till 180°C, i 3 minuter.

b) Blanda mandelmjöl och bakpulver tillsammans. Krydda med en nypa salt.

c) Smält mozzarellan och färskosten i en skål i mikron i 30 sekunder.

d) Kyl, tillsätt sedan ägget. Rör om för att kombinera.

e) Tillsätt mandelmjölet och knåda till en deg.

f) Dela i 4 jämna delar, rulla till korvar, 8 cm långa.

g) Nyp ihop ändarna för att göra en munkform.

h) Lägg på bakplåtspapper.

i) Grädda i 160°C i 10 minuter.

80. Bröd pudding

Serverar: 2

Ingredienser
- Nonstick spray, för smörjning av ramekins
- 2 skivor vitt bröd, smulat
- 4 matskedar vitt socker
- 5 stora ägg
- ½ dl grädde
- Salta, nypa
- 1/3 tesked kanelpulver

Vägbeskrivning
a) Ta en skål och vispa ägg i den.
b) Tillsätt socker och salt i ägget och vispa det hela väl.
c) Tillsätt sedan grädde och använd en handvisp för att blanda in hela ingredienserna.
d) Tillsätt nu kanel och tillsätt brödsmulor.
e) Blanda det väl och lägg i en rund formad ugnsform.
f) Lägg den inuti airfryern.
g) Ställ in den på AIRFRY-läge vid 350 grader F i 8-12 minuter.
h) När den är kokt, servera.

81. Mini jordgubbs- och gräddpajer

Serverar: 2

Ingredienser
- 1 kartong Butiksköpt Pajdeg, Trader Joe's
- 1 dl jordgubbar, i tärningar
- 3 matskedar grädde, tung
- 2 matskedar mandel
- 1 äggvita, för pensling

Vägbeskrivning:
a) Ta med affären pajdeg och platta ut den på en yta.
b) Använd en rund skärare för att skära den i 3-tums cirklar.
c) Pensla degen med äggvita runt om i parametrarna.
d) Tillsätt nu mandel, jordgubbar och grädde i en mycket liten mängd i mitten av degen, och toppa den med en annan cirkel.
e) Tryck till kanterna med gaffeln för att täta den.
f) Gör en skåra i mitten av degen och lägg den i korgen.
g) Ställ in den på AIR FRY-läge 360 grader i 10 minuter.
h) När det är klart, servera.

82. Brasiliansk grillad ananas

Portioner: 4

Ingredienser
- 1 ananas, skalad, urkärnad och skuren i spjut
- 1/2 kopp (110 g) farinsocker
- 2 teskedar (2 teskedar) Mald kanel
- 3 matskedar (3 matskedar) smält smör

Vägbeskrivning:

a) Blanda ihop farinsocker och kanel i en liten skål.

b) Pensla ananasspjuten med det smälta smöret. Strö kanelsocker över spjuten, tryck lätt för att säkerställa att det fäster bra.

c) Lägg spjuten i airfryer-korgen i ett enda lager. Beroende på storleken på din airfryer kan du behöva göra detta i omgångar.

d) Ställ in fritösen på 400°F i 10 minuter för den första satsen (6-8 minuter för nästa sats eftersom din airfryer kommer att förvärmas). Halvvägs pensla med eventuellt kvarvarande smör.

e) Ananas är färdig när de är genomvärmda och sockret bubblar.

83.   Coconut Crusted Cinnamon Bananer

Ingredienser
- 4 mogna men fasta bananer
- ½ kopp tapiokamjöl
- 2 stora ägg
- 1 kopp strimlade kokosflingor
- 1 rågad tesked mald kanel
- Kokosspray

Vägbeskrivning:
a) Skär varje banan i tredjedelar

b) Gör ett löpande band:

c) Häll tapiokamjölet i en grund form.

d) Knäck äggen i en annan grund skål och vispa lätt.

e) Kombinera den rivna kokosen och den malda kanelen i den tredje grunda skålen. Blanda väl.

f) Muddra bananerna i tapiokamjöl och skaka av överskottet.

g) Doppa bananerna i de vispade äggen. Se till att den är helt belagd i äggtvätt.

h) Rulla bananerna i kanel-kokosflingorna för att täcka dem helt. Tryck till ordentligt för att se till att kokosflingorna fastnar på bananerna. Förvara dem i en platt bricka.

i) Spraya Air Fryer-korgen med kokosolja.

j) Ordna de kokosskorpa bananbitarna i fritöskorgen. Spraya med mer kokosspray.

k) Luftsteka vid 270F i 12 minuter.

l) Pudra över malen kanel och servera varm eller i rumstemperatur med en kula glass.

84. Glutenfri enkel kokospaj

Utbyte: 6-8

Ingredienser
- 2 ägg
- 1 1/2 dl mjölk
- 1/4 kopp smör
- 1 1/2 tsk vaniljextrakt
- 1 dl riven kokos
- 1/2 kopp munkfrukt
- 1/2 kopp kokosmjöl

Vägbeskrivning:
a) Belägg en 6-tums pajplatta med non-stick spray och fyll den med smeten. Fortsätt att följa samma instruktioner som ovan.

b) Tillaga i Air Fryer i 350 grader i 10 till 12 minuter.

c) Kontrollera pajen halvvägs genom tillagningstiden för att vara säker på att den inte bränner, ge plåten ett varv, använd en tandpetare för att testa om den är klar.

85. Pecannötpudding

Ingredienser:

- 1 msk smör eller margarin
- 1 stor uppvispad äggvita
- 1/3 kopp mörk majssirap
- 1/4 tsk vanilj
- 2 msk oblekt mjöl
- 1/8 tsk bakpulver
- 1/4 kopp hackade pekannötter
- Florsocker

Vägbeskrivning:

a) I en 15-ounce vaniljsåskopp mikrovågsugn smöret eller margarinet, utan lock, på 100 % effekt i 30 till 40 sekunder eller bara tills det smält.
b) Snurra smöret i vaniljsåskoppen, täck sidorna och botten.
c) Häll överflödigt smör från vaniljsåskoppen i det vispade ägget.
d) Rör ner den mörka majssirapen och vaniljen.
e) Rör ihop mjöl och bakpulver.
f) Rör ner mjölblandningen i äggblandningen. Vänd försiktigt ner hackade pekannötter.
g) Häll pekannötsblandningen i den smörade 15-ounce vaniljsåskoppen. Mikrovågsugn, utan lock, på 50 % effekt i 3 till 4 minuter eller tills pekannötsblandningen precis stelnat, vrid vaniljsåskoppen ett halvt varv varje minut.
h) Sikta lite strösocker ovanpå. Servera varm med lätt grädde om så önskas.

86. Kaffelikörmousse

Ingredienser:

- 4 ägg, separerade
- 1/4 c kaffelikör
- 1/4 c lönnsirap
- 1/8 c konjak
- 1 c vatten
- 1 c vispgrädde

Vägbeskrivning:

a) Blanda ihop äggulor, lönnsirap och vatten i en mixer eller med elvisp. Lägg över i en kastrull och låt koka upp. Ta av från värmen och tillsätt kaffelikör och konjak. Kyla.
b) Vispa grädde och äggvita tills det bildas mjuka toppar.
c) Vänd försiktigt ner i den kylda likörblandningen.
d) Häll upp i demitasseglas och kyl i 2 timmar.

87. Peach Melba Dessert

Ingredienser:

- 2 c Persikor; skivad, skalad
- 2 c Hallon
- 3/4 c socker
- 2 matskedar vatten
- Glass; vanilj

Vägbeskrivning:

a) Koka upp persikor, hallon, socker och vatten i en kastrull.
b) Sänk värmen och låt sjuda i 5 minuter.
c) Kyl, om så önskas.
d) Servera över glass.

88. Fryst kanelnötyoghurt

Ingredienser:
- 4 c Vaniljyoghurt
- 1 c socker
- 1/2 tsk kanel
- Salt
- 1 c Vispgrädde
- 1 tsk Vanilj
- 1 c Valnötsbitar

Vägbeskrivning:

a) Blanda noggrant yoghurt, socker, kanel och salt i en mixerskål. Rör ner vispgrädde och vanilj. Tillsätt nötter.
b) Täck över och kyl i 30 minuter.
c) Frys in enligt tillverkarens anvisningar.

89. Fem minuters fudge

Ingredienser:

- 2/3 kopp indunstad mjölk
- 1-2/3 kopp socker
- 1/2 tsk salt
- 1-1/2 kopp Marshmallows (miniatyrer fungerar bäst)
- 1-1/2 kopp chokladchips (halvsöta)
- 1 tsk vanilj

Vägbeskrivning:

a) Blanda mjölk, socker och salt i en kastrull på medelvärme.
b) Koka upp och låt koka 4-5 minuter under konstant omrörning (börja tajma när blandningen börjar "bubbla" runt hörnen på pannan). Avlägsna från värme. Tillsätt Marshmallows, Chocolate Chips och vanilj. Rör om kraftigt i 1 minut (eller tills Marshmallows är helt smält och blandad). Häll i en smörad 8" fyrkantig panna. Kyl tills den inte faller ut eller skvalpar runt i pannan.
c) Gillar du nötter? Tillsätt 1/2 dl hackade nötter innan du häller i pannan.

90. Mandel-havreskorpa

Ingredienser:

- 1 c. mald mandel
- 1 c. havremjöl
- 1/2 tsk salt
- 1/4 c. vatten eller juice

Vägbeskrivning:

a) MARN mandel och havre i mixer tills det är fint, eller mal havre och mandel i matberedare, tillsätt salt och vatten medan bearbetaren är i rörelse. Tillsätt salt, blanda väl. Lägg till vatten. Blanda väl. TRYCK ner i pajform, eller kavla ut med kavel mellan två bitar vaxpapper.

b) Grädda i 350° i 15 minuter. AVKASTNING: 1 pajskal.

91.   Apple Fantasy Dessert

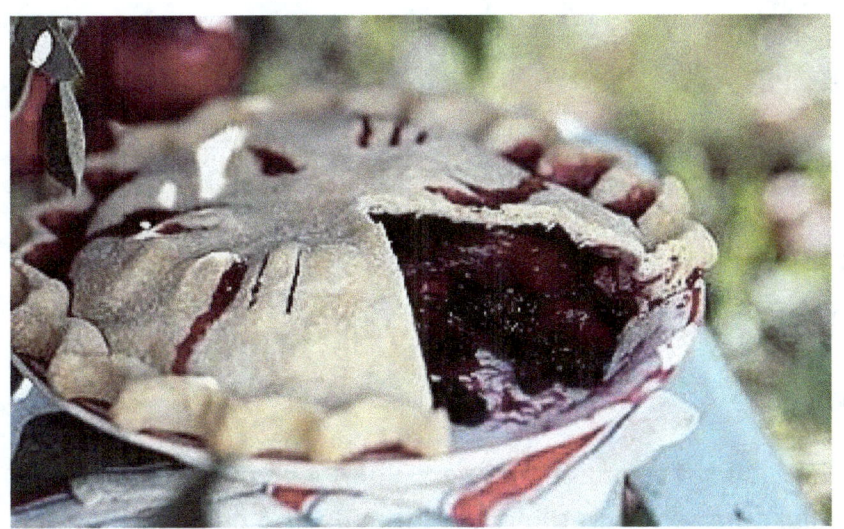

Ingredienser:

- 2/3 c. mjöl
- 3 tsk bakpulver
- 1/2 tsk salt
- 2 ägg
- 1 c. strösocker
- 1/2 c. brunt socker
- 3 tsk vanilj eller rom eller bourbon
- 3 c. tärnade äpplen

Vägbeskrivning:

a) Vispa ägg, tillsätt socker och vanilj och vispa väl. Tillsätt torra ingredienser och blanda. Häll i äpplena och rör om tills det är jämnt fördelat. Lägg i en djup ugnsform eller suffléform.
b) Grädda 45 minuter i 350. Servera varm.

92. Avokadoglass

Ingredienser:

- avokado
- citron juice
- 1 burk (14 oz. / 400 ml) fullfet kokosmjölk
- 1 kopp / 100 g föredraget flytande sötningsmedel som lönnsirap eller agavesirap

Vägbeskrivning:

a) Ställ burken med kokosmjölk i kylen över natten.
b) Skär avokadon på mitten, ta bort gropen och skeda ur avokadoköttet.
c) Lägg avokadoköttet i en matberedare tillsammans med citronsaften och mixa tills det är en perfekt slät avokadokräm.
d) Öppna kokosmjölksburken upp och ner (så att den hårda grädden ligger ovanpå).
e) Skeda ut kokosgrädden tills du träffar kokosvattnet
f) Vispa kokosgrädden i en skål tills det är en fin, mjuk kokosvisp. Tillsätt avokadokrämen och rissirapen och blanda tills det är blandat.
g) Lägg glassen i en fryssäker form.
h) Ställ den i frysen i minst 4 timmar.
i) Om det är för svårt att skeda ut efter 4 timmar, låt det stå i rumstemperatur i en minut eller två. Njut av!

93. Banankrämpaj

Ingredienser:
- 3 c. SOJAMJÖLK (58)
- 1/2 c. honung
- 1/2 c. råa cashewnötter
- 1/4 tsk salt
- 1/3 c. majsstärkelse
- 2 tsk vanilj
- 1/3 c. urkärnade dadlar
- 2-3 skivade bananer

Vägbeskrivning:

a) FLYTTA alla ingredienser utom bananer. HÄLL i en kastrull och koka på medelvärme tills det tjocknat, rör hela tiden. HÄLL ett tunt lager av "vaniljsås"-blandningen i ett bakat pajskal eller lager granola, LÄGG sedan till ett lager skivade bananer.

b) Upprepa, tillsätt sedan den återstående vaniljsåsen och garnera med skivad mandel. KYLLA över natten och SERVERAS kallt.

94. Berry Fool

Ingredienser

- 1 (12-ounce) paket frysta hallon eller jordgubbar (ej i sirap), tinade
- 1/4 kopp plus 1 matsked socker, uppdelat
- 1 dl tung vispgrädde

Vägbeskrivning

a) I en mixer eller matberedare, kombinera hallon eller jordgubbar med 1/4 kopp socker. Bearbeta tills bären är mosade, skrapa ner sidorna vid behov.

b) I en stor skål, vispa tjock grädde med mixer tills mjuka toppar bildas. Tillsätt återstående 1 msk socker och fortsätt vispa tills det bildas styva toppar.

c) Använd en gummispatel, vänd försiktigt ner hallonpurén, lämna några strimmor av vit vispgrädde. Skeda upp i fyra individuella parfaitglas. Ställ i kylen i 2 timmar och servera sedan.

95. Bär tiramisu

Ingredienser

- 1 1/2 koppar bryggkaffe
- 2 matskedar Sambuca
- 1 matsked strösocker
- 1-pund behållare mascarponeost
- 1/4 kopp tung grädde
- 2 msk konditorsocker
- Ladyfinger kakor
- Kakao pulver
- 2 dl blandade bär

Vägbeskrivning

a) I en grund skål, vispa ihop 1 1/2 koppar bryggkaffe, 2 msk Sambuca och 1 msk strösocker tills sockret är upplöst.

b) I en separat skål, vispa ihop en 1-kilos behållare mascarponeost, 1/4 kopp tung grädde och 2 matskedar konditorsocker.

c) Använd tillräckligt många ladyfinger cookies för att täcka botten av en 8-tums fyrkantig ugnsform, doppa ladyfingers i kaffeblandningen och arrangera i ett jämnt lager i botten av pannan.

d) Fördela hälften av mascarponeblandningen ovanpå. Upprepa de två lagren. Strö över kakaopulver och 2 dl blandade bär. Kyl tiramisun i minst 2 timmar och upp till 2 dagar.

96. Smör romkarameller

Ingredienser
- Vegetabilisk olja för smörjning
- 2 koppar packat ljust farinsocker (14 oz.)
- 1 kopp tung grädde
- 1/2 stick (1/4 kopp) osaltat smör
- 1/4 tsk salt
- 1/4 kopp plus 1 tsk mörk rom
- 1/4 tsk vanilj
- Specialutrustning: pergamentpapper; en godis- eller djupfettstermometer

Vägbeskrivning:

a) Klä botten och sidorna av en 8-tums fyrkantig bakplåt med bakplåtspapper och olja pergament.

b) Koka upp farinsocker, grädde, smör, salt och 1/4 kopp rom i en 3- till 4-liters tjock kastrull, rör om tills smöret smält, koka sedan över måttlig värme, rör ofta, tills termometern registrerar 248° F (fast-ball stage), ca 15 minuter. Ta av från värmen och rör ner vanilj och resterande tesked rom. Häll i en ugnsform och svalna helt tills den är fast, 1 till 2 timmar.

c) Vänd upp karamell på en skärbräda, släng sedan bakplåtspapper och vänd kola med den blanka sidan uppåt. Skär i 1-tums rutor.

97. Kanderad citrusskal

Ingredienser:
- skal av 4 citroner, 3 apelsiner eller 2 grapefrukter
- 1 kopp socker
- 1/3 kopp vatten

Vägbeskrivning
a) Låt först sjuda skalet i 1 liter vatten i 6 min. Häll av, skölj med kallt vatten och ställ åt sidan. Låt socker och vatten sjuda.
b) När sockret lösts upp, täck pannan och koka några minuter tills de sista dropparna sirap faller från änden av en metallsked och bildar en tråd. Ta bort från värmen, rör i skalet och låt dra i 1 timme.
c) Färdig att använda eller förvara övertäckt i kylskåp.

98.   Kardemumma-Kokos Panna Cotta

Ingredienser
- 1 kopp osötade kokosflingor
- 3 koppar tung grädde
- 1 kopp kärnmjölk
- 4 gröna kardemummaskidor, lätt krossade Nypa koshersalt
- 2 tsk granulerat gelatin
- 1 matsked vatten
- ⅓ kopp strösocker
- tesked rosenvatten

Vägbeskrivning

a) Värm ugnen till 350°. Strö ut kokosen på en plåt och sätt in i ugnen. Grädda tills de är rostade och gyllene, ca 5 minuter. Ta ut ur ugnen och ställ åt sidan.

b) Kombinera grädden, kärnmjölken, kardemumman och saltet i en medelstor kastrull på medelhög värme och låt koka upp. Ta kastrullen från värmen, tillsätt den rostade kokosen och ställ åt sidan i 1 timme. Sila blandningen genom en finmaskig sil och kassera de fasta ämnena.

c) I en medelstor skål, kombinera gelatinet och vattnet. Ställ åt sidan i 5 minuter.

d) Sätt under tiden tillbaka kastrullen på medelvärme, tillsätt sockret och koka tills sockret löst sig, ca 1 minut. Häll försiktigt den silade gräddblandningen över gelatinblandningen och vispa tills gelatinet löst sig. Vispa i rosenvattnet och dela blandningen i 8 fyra uns ramekins.

Ställ in i kylen och kyl tills den är fast, minst 2 timmar upp till över natten

e) Gör de kanderade rosenbladen: Klä en plåt med bakplåtspapper. I en liten skål, kombinera socker och kardemumma. Använd en bakelseborste för att pensla båda sidorna av varje rosenblad med äggvitan och doppa försiktigt i sockret. Ställ åt sidan för att torka helt på bakplåtspapper

f) Servera pannacottan kyld och garnera varje portion med rosenblad.

99. Cikoriakräm brulee

Ingredienser:
- 1 msk smör
- 3 koppar tung grädde
- 1 1/2 dl socker
- 1 kopp cikoriakaffe
- 8 äggulor
- 1 kopp råsocker
- 20 små mördegskakor

Vägbeskrivning

a) Värm ugnen till 275 grader F. Smörj 10 (4-ounce) ramekins. Blanda grädden, sockret och kaffet i en kastrull på medelvärme.

b) Vispa tills den är slät. Vispa äggen slät i en liten skål. Tempera äggulorna i den varma gräddblandningen. Ta av från värmen och kyl. Häll i de individuella ramekinerna. Lägg ramekins i en ugnsform.

c) Fyll skålen med vatten som kommer upp till hälften av ramekinen. Sätt in i ugnen på nedersta gallret och tillaga tills mitten är stel, ca 45 minuter till 1 timme.

d) Ta ut ur ugnen och vatten. Kyl helt.

e) Kyl tills den är kall. Strö sockret över toppen, skaka av överskottet. Karamelliserade sockret ovanpå med hjälp av en handblåslampa. Servera gräddbrulee med mördegskakor.

100. Mintchokladfondue

Ingredienser:
- 1/2 kopp Heavy Cream
- 2 msk pepparmyntslikör
- 8 uns halvsöt choklad

Vägbeskrivning
a) Värm den tunga grädden på medel låg värme
b) Tillsätt likör
c) Riv chokladen eller bryt i små bitar och lägg långsamt till blandningen under omrörning
d) Rör om tills chokladen smält

SLUTSATS

Protein och fett är grundläggande makronäringsämnen som backar upp alla vitala strukturer i din kropp. Att gräva fram den perfekta efterrätten från butikshyllan är en utmaning. Du kan inte lätt hitta en efterrätt som är näringsrik och nyttig samtidigt som den innehåller dina favoritingredienser.

Om du är ett fan av dessa dekadenta godsaker men är rädd för att ge dig själv konserveringsmedel och överdrivet socker, då är den här kokboken din skuldfri utväg. Med ett urval från proteinpackade recept till fettfyllda recept kommer du aldrig att bli uttråkad av dessa.

www.ingramcontent.com/pod-product-compliance
Lightning Source LLC
Chambersburg PA
CBHW070657120526
44590CB00013BA/990